これだけは知っておきたい！

公務員1年目の超基本

古橋香織 著

学陽書房

はじめに

■公務員に必要な「土台のスキル」を身につける!

　この本を手に取ってくださったあなたは公務員になるにあたって「事前に何か学んでおくことはないかな」と考えている、とても勉強熱心な方なのではないでしょうか。

　もしくは「若手のうちに**公務員のコミュニケーションの基本**を知っておきたい」「**住民対応や来客対応**に苦手意識がある」という方もいらっしゃることでしょう。

　上司への報連相に難しさを感じている方もいるかもしれません。

　本書はそんなみなさんに向けて、**身だしなみ・接遇や文書・メールの書き方、そして公務員倫理**など、役所の特殊な背景を汲んだ上で、**仕事で信頼される一人前の公務員になるために必要な知識やノウハウ**を幅広く盛り込みました。

■「超基本」ができるかどうかが公務員生活を左右する!

　「身だしなみ」「接遇」「コミュニケーション」などと聞いて、「そんな基本的なことなんて、わざわざ本を読んで知る必要があるの?」と思われた方もいるかもしれません。

　残念ながら、その考えは間違いです。「超基本」を身につけているかどうかが、公務員1年目のみならず、これからの公務員生活の明暗を分けると言っても過言ではありません。

　人手に余裕がない今の時代、新採職員であっても、先輩が手取り足取り教えてくれるわけではなく、初日からいきなり現場に出て見よう見まねで業務をこなさなければいけないという話もよく聞きます。

　特に本書で扱うような、接遇やコミュニケーションなどの法令や実務に直接関係していない分野では、その傾向が顕著です。知っているといないとでは、大きな差が出てしまう恐ろしい分野なのです。

　また、役所の仕事はチームで成り立ちます。コミュニケーションの良

し悪しで、仕事が円滑に進むか、周りの人からの信頼を得られるかが大きく変わります。そのため、報連相などのコミュニケーションの基礎知識は、長い公務員生活を下支えする土台になるのです。

■印象の良い人ほどチャンスを引き寄せる

「仕事ができる公務員」になるためには、どのような能力が必要だと思いますか？　クレームに動じないことでしょうか？　それとも調整がうまいことでしょうか？

どちらも正解ですが、1つだけ選ぶなら、とにかく「**感じのいい人**」になることをおすすめします。

一部の才能ある人を除いて、普通の人が「仕事ができる人」になるためには、多くのチャンスを掴み、多くの経験をすることが不可欠です。ですが、チャンスはただ待っていてもやってくることはありません。チャンスは自分で掴みにいくものです。

チャンスを引き寄せるための一番の近道は「感じのいい人」になること、すなわち「好印象な人」になることです。それは佇まいのみならず、コミュニケーションや仕事に対しての向き合い方など、トータルでの好印象を指します。

この本には、元東京都職員で、今は退職しイメージコンサルタントとして主に身だしなみ、服装、接遇についての研修を行っている私が、若手時代に知っておきたかったと思うことをぎゅっと詰め込みました。執筆にあたっては、現職公務員のみなさんからの情報も活用しています。

本書が皆さんの公務員生活の一助になれば幸いです。

2024年7月

古橋 香織

CONTENTS

はじめに 2

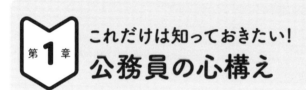

第1章 これだけは知っておきたい! 公務員の心構え

① 公務員として一番大切なルールと心構え ……… 10
② 公務員はどうして「服務の宣誓」をするの? ……… 12
③ 「知らなかった」はアウト! 公務員の義務3選 ……… 14
④ 気をつけて付き合いたい「利害関係者」 ……… 16
⑤ 若手が気をつけたい事例(業務内) ……… 18
⑥ 若手が気をつけたい事例(業務外) ……… 20
⑦ SNSは内容だけでなく投稿のタイミングにも注意! ……… 22
⑧ これって違反? 不安になったらすべきこと ……… 24

COLUMN 1 名もなき雑務とジェンダー 26

第2章 職場からも住民からも信頼される！身だしなみ・服装のポイント

① 公務員だって見た目が9割！ 28
② 窓口業務の前に鏡で自分の姿をチェックしよう 30
③ 「話しかけやすい人」が一番得をする！ 32
④ オフィスカジュアルこそ着こなし方が大事！ 34
⑤ いつまでも「リクスー」ではいけません 36
⑥ イマドキ公務員はネクタイをしない!? 38
⑦ 知らないと恥ずかしい「作業服」事情 40
⑧ それでも服装に迷ったときはTPOに合わせよう 42
⑨ 髪・爪・靴への気遣いで仕事がうまくいく 44
⑩ 派手さは厳禁！ 公務員メイクの心得 46

COLUMN 2 公務員のモーニングルーティン 48

第3章 こまめに・正しく・簡潔に！報連相のコツ

① 不祥事のきっかけは「報連相」の欠如 50
② 指示は待たずに取りに行こう！ 52

③ 相手に喜ばれる報連相の下準備のコツ────54
④ 一目置かれる「報告」のポイント────56
⑤ 安心を与える「連絡」の仕方────58
⑥ 助言をもらえる「相談」の仕方────60
⑦ 相手のタイプ別「報連相」攻略法────62
⑧ できる公務員の三種の神器ペン・メモ帳・ノート────64
COLUMN 3 聞き疲れ、感じていませんか？　66

第4章　公務員の仕事の基本！
文書・メール・チャットの作法

① 公務員の文書の世界へようこそ！────68
② まずは公文書に慣れることから始めよう────70
③ 若手のための文書作成の心得────72
④ 文書より頻出!?　公務員のメールの作法────74
⑤ プラスαの好印象メール術────76
⑥ 情報漏洩を防ぐメールとFAXの心得────78
⑦ 仕事のチャットならではのマナーと使い方────80
⑧ メール・チャット・電話は使い分けが肝心！────82
COLUMN 4 採用順位で公務員人生が決まる？　84

あなたの対応で自治体の印象が決まる！
窓口・クレーム対応の基本

① 自治体業務の最前線！　窓口業務の心がけ────86
② 窓口職員こそ第一印象がすべて────88
③ 住民に満足感を与える窓口の振るまい3原則────90
④ 知っておきたい公務員の電話事情────92
⑤ 入庁後に苦労しない電話対応のコツ────94
⑥ 信頼される電話対応のテクニック────96
⑦ 好印象な話し方・聞き方のテクニック────98
⑧ これで安心！　クレーム対応の基本────100
⑨ 悪質なクレームにはチームで対処する────102

COLUMN 5　中二病ならぬ「二年目病」に注意　104

いざというとき慌てない！
来客対応と訪問マニュアル

① 来庁者対応は若手が率先して動く────106
② 応接室、会議室の席次とお茶出しのマナー────108
③ そつなくこなす！　会議運営時の注意点────110

7

④ 他自治体や民間企業への訪問時の注意点————112

⑤ 住民宅への訪問時の注意点————114

⑥ 訪問時の身だしなみチェック————116

⑦ 移動時の注意点————118

⑧ 意外と見られている！　名刺交換のマナー————120

おわりに　122

第 1 章

これだけは知っておきたい！
公務員の心構え

公務員として一番大切な
ルールと心構え

なぜ「公務員倫理」が存在するのかとその大切さを知りましょう

→ 1人に特上寿司ではなく、みんなに塩おにぎりを

　見出しの言葉を読んで、「塩おにぎり？　どういうこと？」と疑問に思った方もいるかもしれません。でもこれは、公務員に求められるマインドをずばり言い表しています。

　これから公務員として働くみなさんには、何よりもまず先に、**「全体の奉仕者」として公平かつ誠実に仕事を行う**ことが求められます。決して特定の誰かを優遇するということがあってはならないのです。

→「民間とは違う」という意識を持とう

　住民が納める税金によって給料が支払われている公務員には、民間企業よりもはるかに高い倫理観が求められます。公務員の仕事は、まさに「ゆりかごから墓場まで」であり、住民の生活に大きな影響を及ぼします。

　だからこそ、公務員には法令に基づいて仕事を遂行する責任があるのです。

　もし公務員が特定の事業者を有利に扱うようなことがあれば、公務員の仕事の根幹となる、住民からの信頼が大きく揺らいでしまいます。このようなことがないように、公務員として守るべきルールや心構えがあり、それらを**「公務員倫理」**と呼びます。

→ 違反するとどうなるの？

公務員倫理に反する行動は「不祥事」とみなされ、最悪の場合「免職」や「停職」などの懲戒処分の対象となります。

みなさんもニュースなどで「○○市の職員が懲戒免職」というような話題を耳にしたことはありませんか？　報道発表するレベルになるとかなり規模の大きな不祥事になりますが、公務員として真面目に働いていても、不祥事のタネとは常に「隣り合わせ」だと思ってください。

「気の緩みからうっかり大変なことになってしまった！」ということのないようにしましょう。

公務員は「全体の奉仕者」

仕事に慣れても、初心を忘れないようにしましょう！

ADVICE
国家公務員には「国家公務員倫理法」や「国家公務員倫理規程」があるように、自治体によっては「○○市職員倫理条例」などを制定しているところもあります。入庁したら確認してみましょう。

公務員はどうして「服務の宣誓」をするの？

入庁時に行う「服務の宣誓」が持つ意味を知っておきましょう

→ 公務員マインドの支柱は地公法第30条！

　地方公務員制度の基本を定めた「地方公務員法」（以下「地公法」と表記します）の第6節に「服務」という内容があります。これは「すべて職員は、**全体の奉仕者として公共の利益のために勤務し、且つ、職務の遂行に当つては、全力を挙げてこれに専念**しなければならない」（第30条）というものです。

　「服務の根本基準」とされるこの条文に、公務員としてのあるべきマインドが全て詰まっているのです。

→ 私たちが「服務の宣誓」を行う理由

　既に入庁されている方であれば記憶に新しいかもしれませんが、公務員は入庁すると、主に憲法の擁護と全体の奉仕者としての自覚について**「服務の宣誓」**を行います。これには「職員は、条例の定めるところにより、服務の宣誓をしなければならない」（地公法第31条）というきちんとした根拠があります。

　「服務の宣誓」は公務員になった際に生じる「義務」です。また、宣誓の相手は任命権者ではなく、住民（国家公務員の場合は国民）です。住民に対して「きちんと公正に仕事をします」という誓いを立てるのです。

→ 信用失墜行為の禁止

　地公法第33条には「職員は、**その職の信用を傷つけ、又は職員の職全体の不名誉となるような行為をしてはならない**」という条文があります。

　信用失墜行為とは、職務中に発生する可能性がある虚偽報告や個人情報の漏洩などのほか、職務外で発生する可能性がある交通事故、万引きや盗撮といった犯罪行為なども含まれています。

　オンオフ問わず「全体の奉仕者」としての自覚を持つことが必要です。

こんな場面に要注意！

勤務後や休日の振るまいにも気を付けましょう。

ADVICE
勤務後や休日の行動にも注意したいところ。なかでもお酒が入った状態の振るまいには要注意です。記憶をなくすまでお酒を飲むような無茶は控えたほうが無難です。

3 「知らなかった」はアウト！ 公務員の義務3選

常に頭の隅に置いておきたい公務員の義務を3つ抜粋しました

→ 法令等及び上司の職務上の命令に従う義務

国民の三大義務は「教育の義務」「勤労の義務」「納税の義務」ですが、公務員にも守らなければいけない義務があります。

例えば、地公法には「職員は、その職務を遂行するに当つて、法令、条例、地方公共団体の規則及び地方公共団体の機関の定める規程に従い、且つ、上司の職務上の命令に忠実に従わなければならない」（第32条）という条文があります。ようするに、**「法と上司の命令には忠実に従いましょう」**ということです。ただし、解釈上は、職務命令に「重大かつ明白な瑕疵」（明らかにおかしな点）がある場合は拒否することができます。

→ 秘密を守る義務

秘密を守る義務とは、俗に言う**守秘義務**です。地公法に「職員は、職務上知り得た秘密を漏らしてはならない。その職を退いた後も、また、同様とする」（第34条）という条文があります。

公務員にならないと知ることができなかった情報を外部に漏らすことは、**たとえ家族であっても絶対にNG**です。しかも、この「秘密を守る義務」は退職してからも続きます。

→ 職務に専念する義務

「職員は、法律又は条例に特別の定がある場合を除く外、その勤務時間及び職務上の注意力のすべてをその職責遂行のために用い、当該地方公共団体がなすべき責を有する職務にのみ従事しなければならない」（地公法第35条）と規定されています。職務専念義務、すなわち「**勤務時間中は仕事に集中しましょう**」ということです。例えば、「勤務時間中のSNS投稿」などは職務専念義務違反となります。

なお、職務専念義務が免除されることを「**職免（職務専念義務免除）**」といいます（休日や休暇中など）。

公務員の義務

法令等及び上司の職務上の命令に従う義務

秘密を守る義務

職務に専念する義務

仕事の愚痴には注意。家族相手でも守秘義務はあります。

> **ADVICE**
> 職務命令における「重大かつ明白な瑕疵」とは、例えば汚職に手を染めかねない職務命令であったり、パワーハラスメントに該当するようなものを指します。困ったら周囲の人に相談しましょう。

気をつけて付き合いたい「利害関係者」

「仕事相手から食事に誘われた」 それ、実は要注意です!

→ 住民からの信頼を裏切らないために

公務員の仕事は、住民からの信頼が大前提です。

公務員として勤務をしていると、個人・法人問わず様々な関係者と出会います。中でも「許認可」や「検査」「補助金の交付」といった相手方として、職務に直接の影響を与える人を**「利害関係者」**と言います。すなわち、自分が公務員として権力を行使する相手のことであり、彼らとの関係はより慎重になるべきです。

→ 利害関係者の範囲

国家公務員倫理規程で定める利害関係者の範囲は次表のとおりです。地方公務員に関してもほぼ同様の範囲(⑧を除く)となります。「利害関係者」と聞くと難しそうですが、なんとなくイメージできましたか?

●国家公務員倫理規程で定める利害関係者の範囲

①許認可等の相手	④不利益処分の名あて人
②補助金交付の相手	⑤行政指導の相手
③立入検査や監査の相手	⑥所管する業界において事業を営む企業
⑦契約の申込みをしようとしている者、契約を締結し債権・債務関係にある者	
⑧予算、級別定数または定員の査定を受ける国の機関	

→ 利害関係者とのNG行為とは

　利害関係者とのNG行為には、金品の受け取り、接待、会食、ゴルフや旅行などが挙げられます。特に人事異動時の餞別については要注意です。

　基本的な心構えとして「**ものを受け取ったり、一緒にご飯を食べたりしてはダメ（たとえ割り勘でも）**」と理解しておきましょう。

　なお、旧来の友人関係など、私的なつながりによるプライベートの行為についてはこの限りではありません。同窓会や結婚式に出られないというわけではないので、ご安心ください。さらに詳しく知りたい方は、人事院HP内、倫理法・論理規程Q&Aなどが参考になります。

NG行為の代表例

利害関係者からのこんなお誘いには注意しましょう。

> **ADVICE**
> 利害関係者との行為の規制は、あなたの異動後も継続（国家公務員倫理規程では3年間）されます。「異動したからOK」というわけでは決してありませんので、覚えておきましょう。

若手が気をつけたい事例
（業務内）

業務内の違反事例を紹介します。誰しも「違反と隣り合わせ」です

→ 書類やUSB等の記録媒体の紛失

　故意ではなく「ついうっかり」というミスでも懲戒処分の対象になり得ます。業務に関する書類やUSB等の記録媒体の紛失を防ぐためには、常日頃からデスクの上や引き出しの中を整理しておくなど、物品の管理を意識的に行いましょう。

　特に注意したいのが、出張先から自宅に直帰し、書類の入った荷物を持ったままアフターファイブに繰り出す場面などです。書類を紛失してしまうと、たとえ個人情報が掲載されていなくても、とりかえしのつかないことになりかねません。

→ 菓子や物品等の受け取り

　新人さんや若手職員は、来客からお菓子や物品を受け取る機会も多いでしょう。ですが、**原則として、相手が利害関係者の場合、挨拶だろうと差し入れだろうと受け取りNG**です。

　なお、会議や打ち合わせの際に出された茶菓は食べてもOKです。また、年末に業者から配布されるカレンダーも広く一般に配布されるものとして受け取っても問題ないとされていますが、「特別扱い」が疑われるものは基本的に受け取らないのが得策と言えます。

→ 業務の先延ばし

　業務の先延ばしは、相手に影響があろうとなかろうと、懲戒処分の対象となります。

　住民からの要望書や給付金の支給など、住民の生活を支える自治体の業務においては、**受け取った事務は迅速に処理すること**が鉄則です。

　業務の先延ばしや放置による懲戒処分は、度々報道発表の対象になっています。「そうは言っても、業務に追われて手がつけれられなくて……」と言いたい気持ちもわかりますが、業務の先延ばしは住民からの信頼を損なう重大な過失であることを頭に留めましょう。

トラブルを防ぐためのポイント

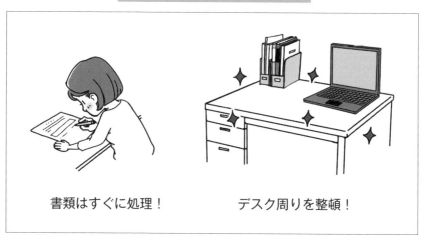

書類はすぐに処理！　　デスク周りを整頓！

書類などの紛失は若手が気を付けたいポイントです。

ADVICE
最近は買い物の際のポイント付与が当たり前になっていますが、「公金」による買い物で得たポイントを自分のカードに付与するのはもちろんNGです。

6

若手が気をつけたい事例
（業務外）

公務員は、勤務時間外の行為にだって気をつけなければなりません

→ プライベートでの事故や交通違反

公用車での事故や違反の報告は必須です。

では、自家用車の場合はどうかというと、大きな事故や交通違反（免許取り消しや停止に該当するもの）は、隠さずすぐに報告しましょう。

青切符などの軽微なものについては様々な意見がありますが、**自治体の基準を確かめたうえで信頼できる上司に相談するのが得策です**。公務員の交通ルール違反には、特に厳しい目が向けられているということを覚えておきましょう。

→ 病気休暇中に注意すべき行為

心身の不調を回復させるための病気休職は、「療養に専念すべき」休暇として理解されています。

このため、病気休職中に長期間の旅行をしたり（そもそも海外旅行に行く際は職場に届け出が必要です）、イベントに参加したり、ましてや大きな資格を取ったりするなどの行為が職場に知られると、懲戒処分の対象になります。

ちなみに、こういった違反のほとんどが匿名のメールで発覚しているそうです。堅苦しいと感じる方もいるかもしれませんが、日頃のふるまいは気をつけておくに越したことはありません。

→ 兼業・副業は必ず職場に相談してから

近年、急激に解禁されつつある公務員の兼業・副業ですが、何でもかんでもOKというわけではありません。地公法第38条には任命権者の許可を得ないといけない旨がしっかりと書いてあります。

許可が得られやすいポイントとして、**①社会貢献性の高さ、②報酬額が適当であること、③勤務の支障にならない時間数であること**などが挙げられます。

コソコソせずにしっかりと職場に相談した上で、許可が出たら堂々と副業をするというスタンスがおすすめです。

車の運転には注意！

「ながら運転」や速度の出しすぎは危険です。絶対にやめましょう。

> **ADVICE**
> 公務員の副業として代表的なものは「投資」や「執筆・講演」です。また、フリマアプリでの販売は「不用品の処分」という目的であれば問題ないとされていますが、利益を得るための転売はNGです。

SNSは内容だけでなく投稿のタイミングにも注意！

SNSをきっかけにした処分が増えています。

→ 勤務時間中に投稿するのはアウト

　第1章3で既に述べた通り、公務員には「職務専念義務」があります。
　勤務時間中のSNSへの投稿や「いいね！」などのリアクションは「職務専念義務違反」となり、処分の対象となります。**SNSを閲覧したり投稿したりするならオフの時間、または昼休みなどの職務専念義務が解除された時間を利用しましょう。**

→ SNSを職場への不満の捌け口にしない

　実際に、職場の悪口をSNSに書いて公務員が処分を受けた事例も存在します。個人情報を載せないように意識していたとしても、投稿を遡って職場を特定されることも十分あり得ます。

　働いているとストレスが溜まるのは仕方のないことです。ですが、オープンな場であるSNSをストレスの捌け口にすることは、日頃の行いを注視されている公務員にとっては特におすすめできません。ぜひ、別のストレス発散方法を見つけましょう。

→ 病気休暇中のSNSへの投稿は気をつけて

　病気をしてメンタルが不安定なときにSNSに拠り所を求めてしまう気持ちもわかりますが、そういった場面でこそ注意が必要です。

　特に「どこへ行った」「何を食べた」などの前向きな情報を載せることはおすすめしません。たとえ「鍵垢」であったとしても、誰がどういう気持ちで見ているかなんてわかりませんし、職場へ報告が行ってしまうということも起こり得ます。病気休暇中の過ごし方は特に気をつけましょう。

SNSの使い方、あなたは大丈夫？

匿名の通報から勤務中のSNS利用が発覚し、処分されたケースも。

ADVICE

誰でもそうあるべきですが、公務員は特に「自分の発信に責任を持つ」ことを意識することをおすすめします。この意識を持つだけで、SNSと上手に付き合えるはずです。

これって違反？
不安になったらすべきこと

長い公務員生活、一度は不安になることも。そんなとき、どうしますか？

→ 黙っておくのはNG！　まずは信頼できる人に相談を

　公務員の仕事は、決裁原議によってその過程や進捗状況といった細かい情報が一目でわかるようになっています。よって、違反に繋がるような業務の遅滞や書類の紛失なども、隠そうとしたところでいずれ絶対にバレます。

　そのため、**不安に思ったらできるだけ早い段階で、信頼できる上司や先輩に相談することが大切**です。これはプライベートでの違反も同様です。

→ 自分一人で決断しないことが大切

　判断に迷った際、「このくらいならきっと大丈夫」などと安易な判断をすると、大きな信用の損失につながりかねません。一人で決断せず、上司や先輩に相談しましょう。

　とはいえ、忙しい職場に配属された人は、自分一人の判断で仕事をせざるを得ないかもしれません。しかし、間違ってしまっても、早い段階であれば上司や先輩の力でリカバーできる可能性があるので、「これってどうなの？」と不安に思ったときは、すぐに相談しましょう。

→ 常に「高い倫理観」を持とう

公務員には約束事が多くあり、少し息苦しさを感じるかもしれません。

公務員は補助金の交付や許認可・指導など、たとえ若手であっても誰かの生活や人生を左右するような重要な決定ができてしまいます（筆者も採用されて3年目で、事業者への業務停止命令を行っていました）。

そういった大きな責任を担うに足る高い倫理観が、公務員には求められているのです。公務員の仕事は「社会を支える誇りある仕事」であるという自覚を持ち、仕事でもプライベートでもそれに恥じない振るまいをするようにしましょう。

迷ったら上司に相談を

早めの報告・相談は自分の身を守ることにもつながります。

> **ADVICE**
> 重要なことは、「悩んだら即相談」です。相談できる環境をつくっておくことも、若手職員がスムーズに仕事を進めるための重要な土台となります。これはすべての仕事に通ずる処世術です。

第1章　これだけは知っておきたい！　公務員の心構え　25

COLUMN 1 名もなき雑務とジェンダー

　みなさんは「名もなき雑務」という言葉を知っていますか？　これは、2020年に小学館のwebメディア「kufura」に記事が掲載され話題になった「担当者が決まっているわけではないけれど、特定の人（特に女性社員）がやっている小さな業務」のことです（https://kufura.jp/work/human-relations/107622：2024年7月29日現在）。

　その記事で第1位となっていた名もなき雑務は「来客へのお茶出し」です。筆者も新人のときは、1日に数回、多いときは10回前後、来客にお茶を淹れていました。時には来客として訪れた職場のOBから「やっぱり女性が淹れたお茶は美味しい」なんて言われたことも。その言葉に違和感を覚えながらも、ウブな新採職員だった筆者は「それっておかしくないですか」と口にすることはできませんでした。

　元来、お茶出しをはじめとした名もなき雑務は女性がやるものというイメージがありましたが、ジェンダー平等の流れの中で少しずつ変わってきています（とはいえ、1980年代生まれの筆者も含め、まだまだ古い習慣を捨てきれていない人も多いのが現状です）。

　今後は、男女を問わず、新採職員が中心になって担っていくであろう名もなき雑務ですが、新採職員のみなさんにはぜひ前向きに取り組んでいただきたいです。名もなき雑務には、新しい人間関係を生み出したり、コミュニケーションを円滑にしたりと、新採職員の成長につながる側面もあるためです。無数の名もなき雑務をやらされてきた筆者も、今となっては「やっていて損はなかった」と思っています。

　ちなみに、最近では来客にお茶を淹れるのではなく、ペットボトルのお茶等を配ることもあります。時代は少しずつ変わってきていますね。

第 **2** 章

職場からも住民からも信頼される!

身だしなみ・
服装のポイント

公務員だって見た目が9割！

公務員は「見た目が関係ない仕事」だと思っていませんか？

→ 見た目を整える＝自分を助ける

　たかが身だしなみとあなどることなかれ。公務員は、自分が思っている以上に「見られて」います。

　例えば、もし窓口の職員がボサボサの髪やヨレヨレの服だったら、お客様はどう思うでしょうか。本当に安心して相談できるのか、不安に思うかもしれません。日頃、誠実な人柄で優秀な仕事ぶりだったとしても、出会って間もないお客様は、どんな人なのかを見た目から判断するしかないのです。

　清潔感のある服装や整った髪型を意識するだけで、相手に「この人は信頼できそうだ」という第一印象を与えることができます。ぜひ身だしなみの持つパワーを活用しましょう。

→ 見た目は「非言語情報」として機能する

　「着ているもの」や「身につけているもの」など見た目の要素は、**「非言語情報」**として機能します。場合によっては「発言」などの言語を介した情報よりも、相手の心情にダイレクトに作用すると言われています。

　身なりを整えることは、相手からの信頼獲得に必須で、仕事の成果にも直結するのです。

→ 非言語情報の大切さがわかる「メラビアンの法則」

アメリカの心理学者であるメラビアン氏は、コミュニケーションにおいて「話す内容などの言語情報が7％」、「話すスピードなどの聴覚情報が38％」、「見た目をはじめとした視覚情報が55％」の割合で影響を与えるということを明らかにしました（**メラビアンの法則**）。

例えば、不満げな表情・声色で「ありがとうございます」と伝えた場合、相手はそのメッセージをネガティブに受け取る可能性が高くなります。**話す内容だけでなく、表情や服装、声のトーンなど、非言語の情報にも気を遣うことで**、相手と円滑にコミュニケーションできます。

メラビアンの法則

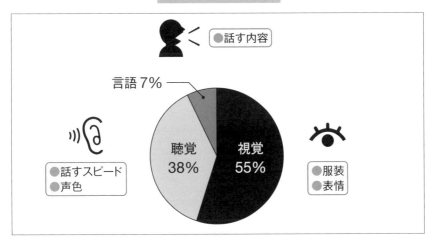

人の第一印象は3つの要素のうち、視覚に強く左右されます。

> ADVICE
> 公務員は「見た目の印象を管理すること」が大切です。仕事で相手にどのような印象を与えたいかを考えて服を選べば、自ずと「服装の正解」がわかるはずです。

窓口業務の前に鏡で自分の姿をチェックしよう

第一印象の良し悪しは、今後の公務員人生の質をも左右します

→ 第一印象で難易度が決まる窓口業務

　採用後ほとんどの人が経験することになる窓口業務では、「第一印象を良くすること」がとても重要です。なぜなら、窓口業務では特に、担当者の服装や表情次第で、応対の難易度が変わってくるからです。

　窓口業務に苦手意識がある人は、まずは「お客様からの自分の見え方」について考えてみましょう。

→ 第一印象を良くするためのポイント

　第一印象を良くするためのポイントは、**「整った身だしなみ」**と**「自信のある表情」**です。この２つがあれば、相手に与える印象は格段に良くなります。

　前項で述べたメラビアンの法則の通り、人の第一印象の決定には、見た目から発せられる情報が最も大きな影響を与えます。見た目は、本来目には見えない心を表すもの、「心の一番外側」であると考えてください。

　また、会話などのコミュニケーションよりも、見た目からの情報のほうが相手に伝わるタイミングが早いため、見た目を整えることで、「信頼できそうだな」「適切な対応をしてもらえそうだ」というプラスのイメージに繋がり、加点された状態から応対をスタートさせることができるのです。

→ 窓口に立つ前に鏡を見よう

みなさんは、職場の鏡を見ていますか？

こまめに見ている人もいれば、1日のうち全く見ることのない人まで様々だと思います。

公務員は住民対応のプロであり、プロたるもの自分の見た目や表情のチェックは欠かせません。**ロッカーやお手洗いにある鏡で、「寝癖」「フケ」「メイクの崩れ」等がないかといった最低限の身だしなみをチェックする習慣はつけましょう。**

鏡でここをチェック！

寝癖やフケ
はないか

前髪が顔に
かかっていないか

メイクの崩れ
はないか

表情が明るく見えるかどうかがポイントです。

> **ADVICE**
> 悪い第一印象を良い印象に変えるには、多くの労力と時間を要します。公務員は数字で評価される機会が少ない分、私は「日頃の印象の積み重ね」が評価に大きく影響すると考えています。

3 「話しかけやすい人」が一番得をする！

若手に「デキるヤツ」感は一切不要。人懐っこさを醸し出しましょう

→ 庁内に「ファン」を作ろう

　自分を助けてくれる味方ができやすいのも若手の特権です。年次が若いうちに築いた人間関係は、必ず今後の公務員人生の糧となります。

　庁内に味方を増やすには「明るい人」「人懐っこい人」という印象を持ってもらうことがポイントです。上司や先輩だって人間ですから、明るくて自分を慕ってくれる人には、積極的に助言やアドバイスをしたくなるものです。

　見ている人は見ています。職場内に自分のファンを作る心持ちで振るまいましょう。

→ 仕事を教えてもらう日は「明るい色」を身にまとう

　明るい印象づくりの秘訣は、服装です。見た目が重要ということは既に述べましたが、**明るい色を多めに配置するだけで、明るくオープンな印象を与えます。**

　仕事を教えてもらう日は、いつもより明るい色の服や小物、ネクタイを身につけたり、女性であればメイクも明るい色味のものを選んだりすると、より積極的な指導が受けられるかもしれません。ハードルが高いという人は、ぜひ顔まわりだけでも明るい色を取り入れてみてください。顔まわりに暗い色を持ってくると、人によっては顔が骨張って見えて、近寄り難い印象になってしまいます。

> → 前髪は「心の開示度合い」を表す

　自分の表情、つまり顔を隠さず見せることは、相手に心を開いているというメッセージとなります。「顔を見せること」は、質の良いコミュニケーションを取る上で欠かせません。**相手が職員であっても住民であっても「顔を見せること」を心がけてみてください。**

　そして、表情の要となるのが眉・目・口です。特に、おでこが全て分厚い前髪で覆われてしまっていたり、前髪が長く目にかかってしまっていたりすると、内向的な印象や暗い印象を与えてしまいます。マスクをしている人は特に、このような髪型はおすすめできません。

周りに応援される人になろう

明るく一生懸命な人は周りも助けたくなるものです。

> ADVICE
> 公務員の仕事は「経験値」がものを言います。オープンな姿勢で周囲とたくさんコミュニケーションを取っている職員のほうが、より自分を高めていくチャンスを引き寄せます。

4 オフィスカジュアルこそ着こなし方が大事！

カジュアルでもきちんと見えるポイントを押さえましょう！

襟
シャツは消耗品です。襟の裏が黄ばんできたら、潔く捨てましょう。

ボタン
外すのは第一ボタンまで。ノータイ時はインナーが見えないように注意してください。

ボトム
現場仕事が多い若手には、ネイビーや濃いグレーなどの暗めの色がおすすめ。黒はモードな印象になるため上級者向きです。

シャツ
新人さんは白2枚、薄い青1枚のローテがおすすめ。シワになりづらい形態安定加工のものを選びましょう。柄に挑戦したい人は、まずはストライプからスタートです！

靴
週末に汚れをチェックする習慣をつけましょう。簡易な靴磨きグッズを職場に置いておくのも◎。

トップス
ベージュや水色などの明るい色は親しみやすい印象になるのでおすすめです。
カジュアルなTシャツを着たいときは光沢のある生地を選びましょう（ロゴはNG）。

ボトム
タイトスカートの場合、スリットが深めなものは注意しましょう。

アクセサリー
ポイントネックレスなどの上品なものを選びましょう。通話中、受話器にあたったり、かがむと垂れてくるようなものは業務の邪魔になるのでNGです。

靴
定期的に汚れをチェックしましょう。ヒールのあるパンプスを職場に1足置いておくのがおすすめです。派手な装飾や色・柄のものは控えましょう。

> ADVICE
> 心や身体が疲れてくると、身なりを整えることが億劫になりがちです。そのため普段から身だしなみを整える習慣を持つと、自分の心のSOSに気付きやすくなります。

5 いつまでも「リクスー」ではいけません

「リクスーだとナメられる!?」という説はあながち嘘ではありません

→ 公務員の服装は意外とラフ!?

　入庁し、職場に配属されると、一緒に働く職員の服装がラフなことに驚かれると思います。

　意外なことに、公務員の服装はほかの職業と比較するととてもカジュアルです。人によっては、入庁後スーツを着る機会がほとんどないということもあります。

　とはいえ、**ここぞというときのためにビジネススーツを用意しておくことは社会人の常識です。**もちろん、入庁してからしばらくは採用試験のときのスーツを着ていても構いませんが、研修が終わって本格的に働き始めるようになったら服装もアップデートしていきましょう。

→ 入庁を機に、着るべきスーツが変わる

　採用試験のときに着用したスーツと、社会人になった後に着用するスーツは全くの別物です。前者はリクルートスーツ、後者はビジネススーツと呼ばれます。

　真っ黒な色が印象的なリクルートスーツは、就職活動中の幼いイメージを与えてしまうことがあります。たとえ新人でも、入庁すればプロとしての佇まいが求められることを忘れないようにしましょう。

→ 失敗しないスーツの購入方法

スーツは高い買い物です。こだわって選びたいところですが、実際はサイズやシルエットを妥協してしまっている方が多く見受けられます。

スーツを購入する際は、**ネット購入ではなく必ず「対面」で、かつ、自分の思っているサイズの前後のサイズも試着してから購入すると**、失敗が減ります。加えて、客観的な目を持つ家族や友人に同行してもらうこともおすすめです（一人で行く際には必ず店員さんとコミュニケーションを取りましょう）。その上で、着用シーンも意識しながら選ぶと、ぴったりの一着に巡り逢えるはずです。

メンズスーツの着こなしのポイント

○ジャケット
・一番下のボタンは留めない
・財布など大きな物をポケットに入れない
・袖口に生地タグがある場合は外す

○パンツ
・折り目（クリース）をきれいに保つ
・丈は「靴のかかとが半分隠れる長さ」に

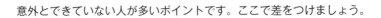

意外とできていない人が多いポイントです。ここで差をつけましょう。

ADVICE
スーツは吊るしを買うよりオーダーが圧倒的におすすめです。体型に合ったスーツは着心地が良くシルエットもビシッと決まります。1着4万円から作れるなど、敷居も低くなりました。

イマドキ公務員はネクタイをしない!?

ノータイ勤務が増える昨今における、ネクタイのトリセツ

→ ノータイ通年化を行う自治体の増加

　一般的なビジネスマンのイメージは、スーツを着てネクタイを巻いた装いです。しかし近年、環境保護や働き方改革の視点から、**ノーネクタイ（ノータイ）** での勤務を許可している自治体が増加しています。

　かつてはクールビズを意識し夏季限定で実施する自治体が一般的でしたが、ここ数年で「ノータイ通年化」に踏み切る自治体も多いです。公務員がネクタイを巻く場面は減ってきているといえるでしょう。

→ だらしなく見えないノータイのコツ

　「ネクタイは息苦しいし肩が凝るから、ノータイ通年化は大歓迎」という意見が多数である一方、「ネクタイをしたほうがきちんと見える」という声もあります。

　ノータイでも締まった着こなしにする秘訣は、襟元のフィット感です。「肌着やTシャツは絶対に見せないこと」「ボタンダウン（襟の先にボタンのついたシャツ）やカッタウェイ（襟の開きが180度以上のシャツ）などのノータイに適したシャツを選ぶこと」等を意識して、きちんと見えるスタイルを目指しましょう。

→ ネクタイは職場に常備しておく

　ノータイ派が多いからといって「公務員になったらもうネクタイを巻く必要がない」という訳では決してありません。「ネクタイを着用する必要性の判断は職員に委ねられている」ということなのです。

　例えば、議会関係や式典など、着用したほうがよい場面もあります。ネクタイ着用が突然求められたり、念のため持参するということも想定されるため、**職場にはネクタイを1～2本常備**しておきましょう。赤系、青系それぞれ1本ずつがおすすめです。ジャケットも同様に、職場に常備しておくと役立ちます。

ネクタイ選びのポイント

- フォーマルな場でも使える無地の赤と青を1本ずつ揃えよう

- 窓口では、親しみやすいイメージのイエローの柄入りもおすすめ

- 結び目はキュッと結ぶ

- 一番格好良く見える長さはベルトのバックルに少しかかるくらい

常日頃ノータイの人も、いざというとき慌てないよう備えましょう。

ADVICE
「活動的、積極的」な印象を与える赤に対し、青は「冷静、理知的」な印象を与えます。自分が相手に与えたいイメージによってネクタイの色を使い分けましょう。

7 知らないと恥ずかしい 「作業服」事情

ヘビロテ必須の「作業服」を、好印象に着るには?

→ 「作業服＝技術系職員」とは限らない

　水道や道路などの技術系職員が多い職場では、自治体から貸与された作業服姿の職員が目立ちます。一般的に「作業服＝技術系職員」を連想しますが、部署によっては事務系職員が着用していることもあります。

　特に基礎自治体では、全員に貸与される場合もあるようです。そんな身近な作業服ですが、TPOを間違えると「？」と思われてしまうことも……。

→ TPOに合わせて適切に着用しよう

　本来の作業服の役割は「着用者の安全を守ること」です。そのため着用が推奨されるシーンでは着崩すことはもってのほかです。

　例えば、腕まくりなどをして肌を露出させることは、怪我につながる可能性があるためNGです。生地に穴やほつれがある場合や、サイズが体に合わない場合なども早めに報告しましょう。作業服は、ルールに則って着用して、はじめて意味があります。

　出勤時・退勤時の着用や、着用したまま仕事外の外出をすることはNGです。作業服は思っている以上に目立つので、着用方法や着用シーンについては厳格に守りましょう。

→ 作業服が相手に与えるイメージを意識する

　自治体で研修を行うと「庁内での打ち合わせに作業服を着用するのはどうなのか？」という質問に度々遭遇します。これについての正解は**「相手に合わせるべき」**です。例えば、普段、作業服を見慣れていない人は、相手が作業服を着てきたことに対しあまり良い印象を抱きません。

　一方で、一部の業者さんなど、作業服を着ることが当たり前になっている人たちもいます。そういう人たちにとっては逆に、作業服を着たほうが親しみを持ってもらえる可能性があるのです。相手に与える印象を考慮しながら、戦略的に着用してみてください。

作業服を着るときのポイント

・シャツはきちんとズボンに入れる

・動きやすいサイズを着用する
　ゆるすぎ、キツすぎはNG！

・着用ルールがある場合は
　ルールに忠実に！

作業服の第一の目的は「安全」です！　着崩すのはやめましょう。

ADVICE
服装の分類のなかでは「カジュアル」に位置づけられる作業服ですが、安全性や動きやすさが求められる現場では、作業服以上の服はありません。作業服が苦手でも現場では必ず着用しましょう。

8 それでも服装に迷ったときは TPOに合わせよう

業務内容や仕事相手に応じて、適切な服装を選ぶのが基本です。

→ 服装の基準は要チェック！

　多くの自治体には、仕事をするにあたっての服装や身だしなみの基準があり、文章や図表にまとめられています。

　困ったときに参照するための細かい内容が定められたマニュアルや大まかな方向性を定めたガイドラインなど、形式は様々です。

　まずは自分の自治体がそのような基準を公表しているかを確認し、内容をチェックしてみましょう。

→ それでも服装に迷ったときの心得

　服装の基準が存在していても、それでもなお判断に迷うこともあるはずです。**TPOに応じた服装について疑問を感じた場合は、信頼できる先輩や上司に素直に聞いてみましょう。**

　なお、ここでは誰に聞くかがとても大切です。自分が見て「素敵だな」「好印象だな」と感じた人を選ぶことがポイントです。

　右図では、女性の服装の例を紹介しているのでそちらも参考にしてみてください。なお、男性の場合は、議員対応などのかっちりとしたシーンでは光沢のある無地のスーツや白シャツ、黒のベルトと靴といった着こなしがおすすめです。一方、窓口業務などではストライプなどの柄が入ったシャツにチノパン、ブラウン系のベルトと靴を合わせることで親しみやすい印象を作り上げることができます。

42

→ 「正しく服を選ぶ力」も必要な時代に

　服装のカジュアル化はこれからどんどん加速していきます。同時に多様性の推進の視点から「男性の服装」「女性の服装」を細かく区別する風潮もなくなっていくことでしょう。

　そのため服装選びも個人に委ねられ、「自分の服装に責任を持つ」という意識がより必要になってくるはずです。公務員こそ「正しく服を選ぶ力」を持ちましょう。

TPOに合わせて服装を選ぶ

かっちり　　親しみ

左の例は議員対応、右の例は窓口対応などのシーンに適しています。

ADVICE
カジュアルとは「着崩すこと」ではありません。ポロシャツやチノパン、ワイドパンツなどのカジュアルにカテゴリーされるアイテムでも、職場ではきちんと着ることが前提になります。

髪・爪・靴への気遣いで仕事がうまくいく

「髪」「爪」「靴」を仕事道具として捉え、信頼される職員になろう！

→ なぜ「髪」「爪」「靴」が重要なのか

「髪」「爪」「靴」の3つは人に見られやすい部位です。その先端部分である「毛先」「爪の先」「靴の先」は特に視線を浴びやすいため、傷みや汚れは相手の記憶に残ります。

みなさんも誰かの毛先が傷んでいたり、爪が極端に深爪だったり、靴の先が汚れていたりすると、気になってしまいませんか？

そのくらい、「髪」「爪」「靴」の3点は、無意識に見てしまうポイントであるとともに、印象に刻まれやすいのです。

→ 「髪」と「靴」のチェックポイント

女性の場合、カラーリングをしていて暗めのトップスを着ることが多い人は、視覚的に毛先の傷みが目立ちやすくなっているため注意が必要です。ヘアオイル等を使い、日頃しっかりとケアしましょう。

すでに毛先の傷みが気になる場合は、髪型をアップスタイルにすると傷んだ箇所が目立たなくなります。

また、ビジネスシーンにおいて、**靴は相手の信頼を得るためのアイテム**に位置付けられます。靴に傷や汚れがないことが大切です。革靴の場合、汚れが気になったら早めに手入れを行ってください。女性であれば、ヒールがすり減って金属部分が露出しているパンプスは修理に出すか潔く処分してしまいましょう。

→ 「爪」のチェックポイント

「爪が極端に短すぎたり長すぎたりしないこと」「爪にツヤがあり血色が良いこと」が好印象な指先を作るポイントです。

ネイルカラーをしている人は肌色に調和したものを選ぶことがおすすめです。また、剥げたりしていないかを確認しましょう。整えられた指先は、きっとあなたの自信につながります。

「髪・爪・靴」を整えよう

細部まで身だしなみが行き届いている人は信頼されます。

ADVICE
革靴の場合、汚れの度合いや素材、色によってケアの仕方が異なるので、適した方法で行いましょう。何より「定期的に磨く」習慣付けが大事です。

10 派手さは厳禁！
公務員メイクの心得

「さじ加減」が難しい公務員のメイクの正解って？

→ 「メイクしない自由」だってある中で……

「チークをしっかりめに入れてもいいの？」「先輩はほぼすっぴんの人が多いけど……」など、公務員のメイクには様々な悩みが付きまといます。

最近では「職場でメイクをしない自由」も叫ばれていますが、まだまだメイクはマナーの一部だと捉える風潮があります。既に述べたように、公務員にとって見た目は重要な要素なので、やはりある程度のメイクをすることをおすすめします。

→ どの程度メイクすればいいの？

メイクという言葉を聞くと、「美しさ」や「可愛らしさ」をゴールにしてしまいがちですが、**マナーとしてのメイクが目指すべきゴールは「元気に見える」**ことです。

ベースメイクをすると肌の色が補正され、顔色が良く見えますよね。人によっては、ほんのりとリップやチークを付け、血色感をプラスすると良いでしょう。あとは「目力を宿してキリリと見せたい」など、自分のなりたいイメージに合ったメイクを施せばOKです。

→ 自分の肌色と調和する色を選ぼう

公務員のメイクで最も大事にしたい点が、肌色との調和です。アイシャドウが殴られたみたいになっていたり、チークがおてもやんになっていたりしたら、それは肌の色と調和していない色を選んでいるせいかもしれません。

年齢を重ねるとなんとなく「似合う色」はわかってくるものですが、今流行りのパーソナルカラー診断でも似合う色がわかります。職場のメイクで迷走中の方は、受けてみると良い参考になるかもしれません。

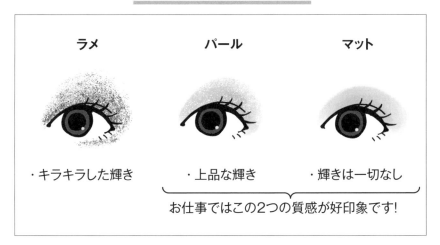

アイシャドウは色だけでなく質感でも印象が変わります。

> **ADVICE**
> 近年、メイクは女性だけのものではないという風潮になってきています。男性だって眉を整えたりBBクリームを塗ったりするだけで間違いなく垢抜けます。ぜひ挑戦してみてください。

COLUMN 2 公務員のモーニングルーティン

　みなさんは「新採職員が職場に一番乗りして、課の全員の机を拭く業務がある」という噂を聞いたことはありませんか……？

　さすがに今はこのようなことを命じられる職場はかなり少ないでしょう。15年以上前に昭和文化が残る出先に配属された筆者ですら、机拭きを強要されたことは一度もありません。また、コロナ禍を経験したことで、自分のデスク周りを自分以外の人に触れられることに抵抗がある人も一定数います。もし、そのような机拭きを行っている人がいたら、それは義務ではなく自分の意思で行っているものだと思ってください。

　さて、自分のデスク周りは常にきれいにしておきたいところです。そこでおすすめするモーニングルーティンが「パソコンをきれいに拭く」ことです。

　特にパソコンの画面やキーボードを乾いた布で拭いてあげることは、頭を仕事モードに切り替えるスイッチとしても機能してくれるのでおすすめです。

　同様に、スマートフォンの画面も朝に拭いておくと、ふとしたときに汚れが気になる、ということがなくなり、気持ちよく1日を過ごせます。

　1日の始まりに自分の仕事道具をピカピカにしてあげることは、まわりからの見え方の面でも気持ちの切り替えの面でも良い効果をもたらします。

　みなさんも始業前のルーティンとしてみてはいかがでしょうか。

第 3 章

こまめに・正しく・簡潔に!
報連相のコツ

1 不祥事のきっかけは 「報連相」の欠如

相手から「あれってどうなった?」と聞かれる前に行動しましょう

→ 「報連相」とは「報告」「連絡」「相談」のこと

「報連相」という言葉、既にご存知の方も多いことと思います。アルバイト先などで実践済みの方もいらっしゃるかもしれません。

改めて「報連相」とは「報告」「連絡」「相談」の頭文字を取った言葉で、社会人のコミュニケーションの基本として位置付けられています。そして、なんと職場での会話の大半が、この「報連相」に基づくものなのです。

ここからは、公務員の「報連相」の大切さと、周囲の信頼を獲得するための「報連相」のポイントについてお話ししていきます。

→ 公務員にとって「報連相」が大切な理由

公務員の職務遂行に際して大きなミスが発生すると、住民からの信頼が一気に崩れてしまいます。公務員は民間よりも、仕事の進め方に対して厳しい目が向けられているのです。

とりかえしのつかない不祥事は、「報連相」の欠如から始まります。業務に関する小まめなコミュニケーションは欠かせません。そして、この「報連相」が上手な人が信頼され、組織に重宝されるのです。

→ 「報連相」は必ず「自分から」行うこと

　仕事やプライベートで「そういえば、あれどうなった？」と言われたことはありませんか？　これは「報連相」の欠如により、相手に気を揉ませてしまっている状態です。相手が忙しそうにしていると自分から声をかけることはなかなか難しいですが、**仕事では「向こうから聞かれる前に動く」ことを常に意識してください。**

　私も公務員１年目の頃は、報告のタイミングを掴めず、上司や先輩に迷惑をかけてしまった経験があります。「なぜあのとき報告しなかったのか」と後悔しても、事が起こってからでは遅いのです。

報連相は「自分から」！

ミスやうまくいっていないことほど早めの報告が大事です。

ADVICE

「報連相」は組織での自分の味方を増やすことにも繋がります。若手のうちは、この「報連相」が難なく行えるようになることを目標にしましょう。

指示は待たずに取りに行こう！

指示を正しく聞き取ることに加え、相手への気配りも大事です

→ 若手の仕事のほとんどは「指示から始まる」

　公務員が経験する仕事の多くは、人からの「指示」を受けて始まります。特に若手のうちは、上司や先輩からの指示がないと、ほとんどの仕事は生まれません。

　また、国や都道府県の依頼文に書いてある内容も「指示」に分類されます。若手職員が自分で生み出す仕事の割合はごくわずかでしょう。そのため、指示を正確に受け取れるかどうかが、若手の仕事の成果に直結するといっても過言ではないのです。

→ ミスを防ぐ鍵は「質問」と「復唱」にあり

　職場の上司や先輩から口頭で指示を受けるときは、**メモをとりながら聞き取り、相手が指示を出し終わった段階で、必ず復唱をするようにしましょう**。

　また、公務員が内部で扱う用語は専門的なものや略語が多いため、不明点があれば質問することも大事です。

　若手のうちに、「指示を一度で聞き取れない自分はダメだ」と落ち込んだり遠慮したりする必要はありません。大丈夫です。相手も「一度で理解できて当たり前」なんて思っていません。

→ 仕事とは「自分で取ってくる」もの

仕事とは本来「自分で取ってくる」ものです。業務に余裕があるときは、**自分から積極的に「何かできることはありますか」と声がけするようにしましょう。**

役所では「自分から動く」ことを好意的な目で見ない人もいるかもしれません。波風立てず受け身で過ごすことを美徳とする風潮は、多くの自治体に存在しています。しかし、自ら仕事を見つけて動ける職員が多数派になることで、活気ある組織や地域が生まれていくはずです。

「質問」と「復唱」がポイント

不安な点は遠慮せずその場で確認しましょう。

> **ADVICE**
> 指示は信頼の証ですが、指示を受けすぎてキャパシティを超えてしまっては元も子もありません。自分が処理できる仕事量を把握し、時には「今はできません」と断る勇気も必要です。

相手に喜ばれる
報連相の下準備のコツ

伝えたいことを的確に伝えるためには、まず万全な準備から

→ 法令用語、数字、固有名詞に間違いがないか確認する

　公務員が扱う用語は似たようで異なるものが多く、例えば「指導」と「処分」、「許可」と「認可」を取り違えると全く違う意味合いになってしまうことがあります。また、**年度や期間などの数字のミス**もあってはなりません。

　なお、首長が関わる案件や議会に関するスケジュールなどを報告する際も、固有名詞や数字にミスがあると取り返しのつかないことになるため、要注意です。

→ 相手にとって「ちょうど良い」時間を見つける

　公務員はもはや昔のイメージのようにのほほんと働いていられる環境にはありません。人によっては多忙を極め「今は話しかけないでほしい」というときもあります。

　そこで、**その人にとって最も負担にならない声がけのタイミングを見極めましょう**。例えば、窓口であれば来庁者数が落ち着くタイミングがあるはずです。その時間を「報連相の時間」にあてましょう。

　ちなみに私は新採職員の頃、お昼休み明けが上司の機嫌が一番良いことに気づき、込み入った報告や相談は大体午後イチで行っていました。

　また、複雑な用件のときは、要点を箇条書きにしてまとめた紙を相手に見せながら話すなど、スムーズに伝える工夫をしましょう。

→ 報連相は「自分を売り込む」ことにも繋がる

　上司や先輩に自分の意見を伝えるのは緊張します。特に最近まで学生だった人や、社会人経験の浅い人は「報連相」の3文字を見るだけで胃が痛くなってしまうかもしれません。

　ですが、若手の仕事のほとんどを占めるのは上司への「報連相」です。一生懸命取り組む姿勢を見せれば、ほかの職員もサポートしてくれます。ぜひ肩肘張らずに「自分を売り込む機会」として「報連相」の機会を積極的に活用してみてください。

想定質問集を作ろう

上司に突っ込まれそうな点は資料やデータを用意しておきましょう。

> **ADVICE**
> 若い職員が上司に話しかけるときこそ「佇まいの説得力」が物を言います。服装や姿勢・話し方は、伝えたいことを相手に伝えるための武器になります。自信に満ちた佇まいで報連相に臨みましょう。

一目置かれる「報告」のポイント

要点をスッキリ伝えて、スムーズに仕事を進めましょう

→ 苦手意識を持つ人が多い「報告」

　報告とは、事案の結果や進捗状況を簡潔に伝えることです。

　なお報告には上下関係が伴います。上下関係がはっきりしている公務員の組織では、職階の、下位の役職者から上位の役職者へのコミュニケーションのほとんどが報告です。

　入庁間もない職員の場合は、1〜2つ上の役職者（主査、主任、係長など。なお、役職の表記については自治体ごとに違いがあります）への報告が大部分を占めています。

→ わかりやすい報告には「型」がある！

　報告をスッキリまとめるには、「**①何についての報告か**」「**②それはどうなったのか**」「**③今現在の状況**」の**3ステップ話法**を使いましょう。

　若いうちは、報告をするときに緊張してしまったり、あれこれ詰め込みすぎて話がまとめられなかったりする人が大多数です。過去の私もまったく同様で、上司から「で？」と言われたことは数えきれません。

　報告に苦手意識がある人は、**事前にイメトレをして紙に書き出しておく**のもおすすめですよ。

→ 口頭と文面、どっちを選べばいい？

　報告の仕方には口頭もしくは報告書やメールなどの文面があります。報告する分量と内容の複雑さに応じて臨機応変に対応しましょう。

　簡単な指示についての報告は口頭でも構いませんが、口頭による報告が難しい場合は、メールや報告書を介して報告を行います。また、**相手が忙しい場合、要点を書いた付箋を机の上に貼る**という報告の仕方がおすすめです。

　報告はスピード感が大切です。最も早く相手に届き、なおかつ相手の負担にならない方法をその都度選択しましょう。

中間報告は「自分から」

実は報告を待っている上司は多いものです。

> **ADVICE**
> 最優先すべきは「自分のミス」の報告です。「この程度なら言わなくても大丈夫だろう」といった慢心が、あとで大問題に発展する可能性もあります。ミスはすぐに報告するように心がけましょう。

安心を与える「連絡」の仕方

周りから頼りにされる職員はとにかく連絡が上手です

→ 報告と連絡の使い分け

「報告と連絡はどのように違うのでしょうか？」という質問を受けることがあります。

報告は縦の関係が伴っているのに対し、連絡は縦の関係の伴わない「1人から不特定多数」に向けての情報共有です。公務員の職場でよく聞く「周知」が連絡のわかりやすい例です。

そのほか、業務ミーティングや担当者会議などのチームメンバーでの情報共有が連絡に該当します。みなさんも、**担当している分野に関連するニュースや、事業を進めるうえで役立ちそうな情報**があれば、メンバーに「情報提供」として連絡をすると喜ばれるかもしれません。

また、報告は結論が必須ですが、連絡はあくまでも「事実」と「今後の展望」を共有するものであり、「自分はこう思う」などといった主観は不要です。

→ 連絡のタイミングと方法

では、どのようなときに連絡をするかというと、「この人に知っておいてもらいたい」と自分が思ったときにすればよいのです。

ミーティングでの業務連絡といったオフィシャルなものから、「ちょっと小耳に……」といった水面下のものまで、連絡の方法は様々です。内容に応じて連絡方法を判断するようにしましょう。

→ 連絡上手は「気配り上手」

　公務員は自分一人ではなく、チームで仕事をすることが前提となります。そのため、チームメンバーとの連絡は不可欠です。

　例えば、**「あの住民はこんな人だ」**とか**「対応時にこのようなことに気をつけて」**なども立派な連絡です。「もしかしたら必要ないかもしれませんが念のため……」という連絡も、相手への気遣いとして全然ありです。こういう気遣いができると「気がつく職員」として扱われます。

気が利くと思われる一文

さり気ない情報共有ができると周りの人に喜ばれます。

> **ADVICE**
> 自分のアドレスに突然「事務連絡」という件名で先輩や同期からメールが来ることがあります。これは大体がご飯の誘いや雑談です。無難なメールの件名にしておくのもデキる大人のマナーです。

助言をもらえる「相談」の仕方

相談上手な公務員になって、働きやすい環境を整えましょう

→ 公務員には「相談下手」が多い

相談は、報告や連絡と比較すると、なんとなく重い印象があるかもしれません。

実は真面目な人ほど相談が苦手な傾向があり、公務員には悩んでも一人で抱え込む人が多いのです。

しかし、人は本来「誰かの役に立つのが嬉しい」生き物です。特に公務員は奉仕精神の塊のような人が多いので、相談すれば親身になってアドバイスをしてくれるはずです。

→ 相談は相手の時間を「頂戴」するもの

とはいえ、「何でもかんでも相談すればいい」というものではありません。相談すべき事柄は、「業務に関して上司に判断を仰ぎたいもの」や仕事に関わるメンタルヘルス・家庭の事情などです。

また、**突然「今、相談いいですか？」とたずねるのではなく、事前にアポイントを取って日時を決め、内容によっては打ち合わせコーナーや会議室など別室での相談も検討する**ようにしましょう。

報告や連絡に比べて、相談は相手の負担も大きくなります。相談を受ける側への配慮が肝心なのです。

→ 相談後の対応に人間性が出る

　相談に関して一番やってはいけないこと、それは「相談しっぱなしにすること」です。

　既に述べたように、相談は受ける側に負担をかけるものです。たとえ結論が出なくても、**「相談に乗ってくれたお礼」**と**「結果の報告」**は必ず行うようにしましょう。

　相談の見返りを求める人はほとんどいません。しかし、相談後の対応はあなたの「人間性の評価」に繋がると考えましょう。

相談は相手の状況に気を配る

相手の負担を減らすような気遣いが必要です。

> **ADVICE**
> 「上司にどうしても相談しづらい」ということもあると思います。人は相性があるので仕方のないことです。その場合は、相談の仕方を含めて、信頼できる先輩や同期に相談してみましょう。

相手のタイプ別「報連相」攻略法

異動の多い公務員はどんな人ともうまくやっていくスキルが必要です

→ 気持ちの上下が激しい人には万事余裕を持って

　異動を繰り返す中で、コミュニケーションが難しいと感じる同僚に出会うこともあるかもしれません。

　以前、気持ちの上下が激しい人と仕事をしていたときのことです。その人は「通常モード」のときは話を聞いてくれるのですが、そうでない「NGモード」のときは話しかけることも憚られる状況でした。

　そこで、その人と関わる仕事では余裕を持ったスケジュールを極力意識し、「通常モード」のタイミングを狙って報連相を行ったところ、その人が原因で生じる仕事の焦りやイライラが減り、切羽詰まることもなくなりました。

→ 自席にいない人には付箋作戦！

　出張だったり打ち合わせだったり、はたまた庁内で散歩をしていたりと、自席にいることが珍しい人がいます。そういう人が相手だと話しかけるタイミングをなかなか掴めず苦労しますよね。

　報連相の一番の目的は、情報を相手に早く伝えることです。**要点をまとめた付箋を相手の机上に貼っておくことも有効な手段です**。ポイントは内容を「わかりやすく」書いた付箋を「目立つところに」貼ることです。あとで一言「読んでいただけましたか？」と確認することもお忘れなく。

> **→ 無愛想で反応がない人は「そういう人だと割り切る」**

　無愛想で無反応な人に話しかけていると、果たしてきちんと伝わっているのかと大変不安になると思います。人によっては恐怖を感じてしまうこともあるかもしれません

　そんな人に対しては、**業務に支障が出ていない限り、「パーソナリティーの特性」と割り切ってしまうのが一番**です。簡潔に報連相を済ませる練習相手と捉えましょう。余談ですが、こういったタイプにはいざというとき意外に助けてくれる人が多いように思います。第一印象だけで判断せず、色々なタイプの人とうまくやっていくことが大事です。

ふせんを使った報連相

机の上に置きっぱなしではなく、あとで一言伝えるのがベターです。

ADVICE
クセが強い人はどこの職場でも一定数いるものです。周りの人も同じように「コミュニケーションが難しい」と感じていることが多いため、どうしても困った場合は周囲にヘルプを出すことを求めましょう。

第3章　こまめに・正しく・簡潔に！　報連相のコツ

8 できる公務員の三種の神器
ペン・メモ帳・ノート

勤務中は常にペン・メモ帳・ノートを携えましょう

→ 公務員の世界は「手を動かす人」が伸びる

　自治体の現場は以前よりも格段にデジタル化が進み、ほとんどの行政文書はデータでの作成が当たり前になりました。

　しかし、手書きの文化は今も残っています。それは会議や打ち合わせのシーンです。ほとんどの公務員はメモ帳を持参して会議に臨みます（何も持たずに会議に臨むと、周囲から心配そうな視線を向けられます）。

　この「とにかく手を動かしてメモを取ること」は前述した打ち合わせや会議のほか、上司からの命令を受けるときに要点をまとめる際にも役立ちます。なお、公式の議事録はPCで作成することが多いです。

→ ペンとメモ帳を持たぬものは公務員にあらず!?

　公務員の三種の神器とは**「ペン」「メモ帳」「ノート」**のことです。

　4章の2で「仕事は指示から始まる」と述べましたが、新採職員が複雑な指示を間違いなく記憶することは至難の業です。指示を出す側も相手がメモを取っていないと、「本当にわかっているのだろうか」と不安になります。

　よって指示を受けるときは必ず、聞き取りながらその場でメモ帳に書き出しましょう。ベテランの管理職だって、打ち合わせの場には必ずペンとメモ帳を持参します。メモは報告や相談のあんちょことしても優秀です。

→ ノートは「振り返り」に使用する

　公務員の仕事は、入庁から退職までずっと勉強の繰り返しです。特に部署移動の際には、新しい仕事を短い期間で覚えなければなりません。

　こんなときに役に立つアイテムが**「振り返りノート」**です。仕事で受けた指示の内容の振り返り（※個人情報は絶対に書き残してはいけません）や、参考にした情報をまとめるために使います。

　また、気づいた点なども書き込んでおくと、より内容が充実したものになり、自信にも繋がります。

ペンとメモ帳は常に装備！

どこで指示を受けても大丈夫なようにポケットに入れて持ち歩きましょう。

ADVICE
自由に使っていい文房具が職場に用意されている自治体もありますが、モチベーション維持のためにも、三種の神器は「こだわって選んだもの」を使ってみてはいかがでしょうか。

COLUMN 3　聞き疲れ、感じていませんか？

　公務員にとって、相手の話を聞く力は業務を滞りなく進めるにあたってとても大切なものであり、公務員には住民からの意見や上司・先輩からの助言などといった話を「一生懸命聞く」ことが常に求められます。特に採用1～3年目くらいまでの若手職員は、窓口で住民の意見を聞いたり、誰かから受けた伝言を伝えたりする機会が多く、若手職員時代は聞く力を伸ばす時期とも言えるでしょう。

　人の話を聞くことは一見簡単なようで、実際は、真面目に聞けば聞くほど多くのエネルギーを消費します。

　余談ですが、小さな頃から人の話を聞くことが苦手であった筆者は、新採職員時代、先輩や上司の話を「一発で理解して迷惑をかけないようにしなければ」とメモを片手に全身全霊で聞いていました。結果、夕方になると頭がパンク状態、帰宅後は満身創痍になってしまっていました。

　どんなに聞くことが得意な人でも、相手の話を一生懸命に聞けば聞くほど聞き疲れてしまいます。取り返しのつかない事態になる前に、自分のキャパシティを知っておきましょう。

　特に住民からの相談業務に従事する人は、住民の話を一生懸命聞くうちに、その内容によっては相手のペースやメンタルに引きずり込まれてしまうこともあります。そんな状態を自覚した際には、深呼吸をして、一度気持ちをリセットするのが良いでしょう。

　ちなみに筆者は、少しクセのある先輩からの絡みに「乾いた返事」しかできなくなったら聞き疲れの初期症状、という基準を自分で設け、自身の状態を把握するようにしていました。「聞き疲れ」を自覚したら、美味しいものを食べるなり、思い切って休暇を取得するなり、ぜひあなたに合ったメンタルコントロールを行ってみてください。

第 **4** 章

公務員の仕事の基本！

文書・メール・チャットの作法

公務員の文書の世界へようこそ！

堅くて難しそうな役所の文書……こんなの自分に書けるの？

→ 文書との付き合い方で幸福度が決まる

　公務員になったら避けて通ることができないのが、公文書とのお付き合いです。皆さんはこれからあらゆるシーンで、文書が重視されている状況に遭遇することでしょう。独特の言い回しに最初はびっくりするかもしれませんが、文書とうまく付き合えるか否かは公務員生活の幸福度を左右します。

　工夫を重ねることで、必ず人並みに文書が作成できるようになります。一緒に文書との付き合い方を学んでいきましょう！

→ どうしてそんなに文書が大事なの？

　これから公務員になる方は「どうしてそんなに文書が大事なの？」と疑問に思うことでしょう。簡潔に理由を述べれば**「公務員は文書主義だから」**です。

　まず公務員の文書への意識は、他業界とは少し違っていることを認識しなければなりません。

　行政の活動は、ミスのない事務の遂行や問題が起きたときの責任を明らかにする必要が民間よりも強く求められます。そのためには、文書の存在が不可欠なのです。

→ 調べ学び、公文書と仲良くなろう

　公務員が作成する文書には、ちゃんとした型があります。その書き方や送り仮名にいたるまで、整理されたルールに基づいているのです。

　文書作成にあたり必要なことは、**文書をじっくり読む癖をつけ、言い回しがわからないときは調べることを習慣にすること**です。皆さんの自治体にも「文書事務の手引き」や「文書管理マニュアル」といった必携書が存在しているはずです。もしかしたら私費で購入している先輩もいるかもしれません。分厚くてもひるまずに、ちょくちょく参照してみてください。そういった積み重ねが、文書と仲良くなる秘訣です。

手引きやマニュアルを参照しよう

最初のうちは時間がかかりますが、次第に間違えやすいポイントがわかってきます。

ADVICE
文書というと「作成」に重きが置かれることが多いですが、「整理」や「保管」も極めて重要です。自分や後任者がいざというときに文書を見つけられないようでは、良い文書でも意味がありません。

まずは公文書に慣れることから始めよう

先輩や前任者の文書からは学べることがたくさんあります

→ 公文書と私文書の違い

公文書とは私文書以外のことで、**例えば住民票や印鑑登録証明書**など、**国や自治体等の公務員によって作成される文書のこと**を指します。

それ以外にも、公務員が職務上利用する文書も公文書の扱いになるため、**公務員として触れる文書の大半が公文書**だと考えましょう。

ちなみに、公文書偽造は私文書偽造よりも罰則が重く設定されています。このことからも、公務員が扱う文書の重みが実感できます。

→ 質の良い公用文に触れよう

公用文とは、公文書や法令などに用いられる文章のことです。

公用文の読み書きのスキルは、質の良い多様なパターンの文書にたくさん触れることで、少しずつ磨かれていきます。

例えば、「依頼文」や「通知文」は若手職員でも目にすることが多い文章の型です。公用文を書く上でのヒントがたくさん含まれているので、1枚余分にコピーをして言葉の使い方や言い回し、行間の取り方などを研究してみましょう。カラーペンや付箋を使ってレイアウトを整理し、起案を起こす際の参考にしてみるのもおすすめです。

公用文に触れる機会を増やすには、決定済みの原議を起案者に戻す役割を買って出ましょう。上司の既決箱は常にチェックしておくくらい意識的に公用文に触れるようにすることで、徐々に慣れていくはずです。

→ 「小学生でもわかる文章」を求められる場面も

　ルールに則った文書を作成しなければいけない一方で、住民向けの通知など、対外向けに読みやすい文章を書かなければいけない場合があります。事業担当だとむしろこちらのほうが多いかもしれません。

　では、この場合どのくらいのレベル感の文章を書けばよいのかというと、「小学校5年生でもわかる文章」が一つの目安となります。

　公用文ばかり読んでいると堅い文章に傾きがちですが、様々な文章に接し、臨機応変に対応できる文章力を身に付けましょう。

公用文の例（依頼文）

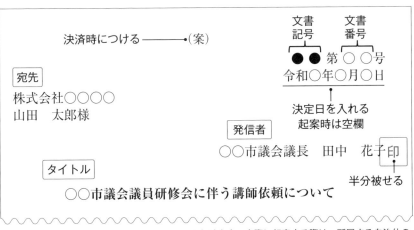

※自治体によって文書のルールは異なります。実際に起案する際は、所属する自治体のルールを参考にしてください。

　過去の文書をコピーして、ポイントとなる箇所に印をつけてみましょう。

> **ADVICE**
> 公務員は誤字脱字に厳しいという噂を聞いたことはありませんか？正確には「誤字脱字を見つけるのが得意」なのです。日頃から多くの文書に触れて培われた能力の一つと言えるでしょう。

若手のための
文書作成の心得

誰でも起案の手戻りが激減する工夫を伝授します

→ 作った文書は一晩寝かせて！

　終業間際や残業中に作成した文書には要注意。急ぎのものだと今すぐにでも上司の決裁箱に突っ込みたいところですが、そういうときって、あまり良いモノができていないことが多いのです……。

　いったん文書から離れ、一晩寝て、朝の比較的頭がクールになった状態で読み返すと、誤字脱字が見つかったり、もっと効果的な言い回しがたくさん生まれてきたりします。

　「重要」「なるはや」そんな文書こそ一晩寝かせましょう。

→ 読みに徹するときは傍に定規を置く

　公務員は静かな環境で仕事ができるかというと、そうでもありません。電話が鳴ったり、部署によっては住民の来訪があるなど、気が散る要素のほうが多かったりします。そのため、「文書を読まなければいけないのに集中できない」ということが多いかもしれません。

　そんなときに役立つ救世主が1本の定規です。 読みたい行や列にあてて読み進めていくだけで、頭の中が整理されます。文字が見えやすいように透明な定規がおすすめです。ぜひお試しあれ！

→ 真っ赤な起案は伸び代だと思おう

「手引きで調べたり類似の文書を参照したりして一生懸命作った文書が、いざ上司の決裁に出したら真っ赤になって（付箋だらけで）戻ってきた。私って公務員に向いてないのかな……？」

安心してください。それは誰もが通る道です。**起案の赤はあなたの伸び代です**。年次を重ねると誰も文章の修正をしてくれなくなります。今のうちに指摘は素直に受け入れ、根拠を調べるなどしてスキルアップに繋げましょう。

赤字は伸び代！

起案の指導が受けられるのは若手の特権です。

> **ADVICE**
> 世間では時代遅れというイメージのハンコですが、ハンコが押されることで文書に権力というパワーが乗っかります。そんな影響力の大きいハンコ（公印）ですので、扱いには気をつけましょう。

文書より頻出!?
公務員のメールの作法

文書主義の公務員だって、お仕事にメールは欠かせません!

→ 高いレベルを求められる公務員のメールスキル

　メールが欠かすことのできないビジネスツールであるのは公務員も民間も同じです。公務員はさらに庁内に加え、住民や事業者などの庁外の様々な相手にメールを送らなければならないため、若手職員はメールの書き方に悩んでしまうことも多いようです。

　また、後述するチャットの登場により、近年ではチャットやメールにおけるマナーや作法がより問われるようになってきました。ここでは、公務員の職場事情を踏まえたメールの作法を確認していきましょう。

→ 読みやすいメールはどんどんパクろう

　メールを打つ際に最も重視したい点は、**「相手にとって読みやすいかどうか」**です。

　相手を困らせるようなまわりくどい言い回しや長々とした文章は避けましょう。「箇条書き」と「適度な改行」は必須です。

　配属されたばかりで慣れないうちや、重要なメールを送るときは、送信前に文案を先輩にチェックしてもらいましょう。とはいえ、先輩も忙しく、全てのメールを見てもらうことは難しいかもしれません。そこでおすすめなのが、**読みやすいと思った先輩や上司のメールの言い回しを「パクる」**ことです。上手なメールを真似していると、いつの間にか何も見なくても、読みやすいメールが書けるようになります。

→ 「件名上手」は「お仕事上手」

　件名はメールの第一印象を決めます。件名を見ただけで趣旨が伝わるようにしましょう。例えば「4/2（火）13時からの接遇研修について」という件名を「【会議室変更のお知らせ】4/2（火）13時からの接遇研修について」と変えてみます。そうすると、メールを開く前に会議室変更の旨が伝わります。

　このようにメールの件名を工夫することは、相手への気遣いにつながるのです。また、部署アドレス宛てのメールは、メールの件名に【（自分の名前）→△△様】などと宛先（と送り主）を明示するのも効果的です。

ビジネスメールの例文

件名：【○○市役所古橋→△△市田中様】まちづくり審議会出席回答の御礼

△△市土木課　課長　田中様

平素より大変お世話になっております。○○市土木課の古橋です。
この度はまちづくり審議会への出席連絡をありがとうございました。
【ご出席】の旨、承りました。

当日の内容は、開催3日前までにメールでご連絡いたします。
引き続き、どうぞよろしくお願いいたします。

簡潔にわかりやすく伝えましょう。

ADVICE

添付ファイルのデータが重たいと相手に迷惑がかかります。zipファイルに圧縮して送るなど工夫しましょう。事前に「今から重たいデータを送ります」と連絡するのもおすすめです。

第4章　公務員の仕事の基本！　文書・メール・チャットの作法　　75

プラスαの好印象メール術

顔の見えないやりとりであるメールは「相手への気遣い」が大切です

→ 相手を安心させる「受け取りました」メール

　仕事のメールの返信はなるべく早くしたいところですが、送られてくるメールの中には、返信まで少し時間がほしいものもあるはずです。

　そんなときに役立つテクニックが、**受信したらすぐに「受け取りました（拝受しました）」とメールを送信する**ことです。このメール1本の有無で相手の安心度合いが大きく変わります。

　すぐに返信できなさそうなときは、「メールを確認しました。のちほどお返事します」と必ず送るようにしましょう。こういう一見地味な積み重ねが相手からの良い印象に繋がります。

→ ときには「文字」と「声」の二刀流で

　文章力に長けた公務員といえども、文字だけの伝達にはやはり限界があります。「メールの内容に補足の説明を加えたい」「大事な内容なので読んでもらえたか確認したい」と感じることもあるはずです。

　そういうときにおすすめなのが、**文字と声（電話）の二刀流での情報伝達**です。

　「メールの内容について説明をしたい」「電話の内容をメールにまとめた」など、場合によって使い分けます。重要かつ複雑な内容は、相手に的確に意図を伝えるため万全を期しましょう。

> **→ 太字や色を使ってわかりやすさをプラスしよう**

　依頼のメールや日程の周知など、業務に関するメールには大体「数字」が含まれます。特に「○日までにご連絡ください」という〆切は、**読み手の目に止まるように工夫**しましょう。

　例えば、太字の使用や文字に色を付ける（人によっては赤と黒の区別がつきづらいため、赤を使う際は下線を引くのがおすすめです）といった工夫が挙げられます。

　出張などが多い職場では、メールを時間をかけて読まない人も多いです。視覚的にもわかりやすいレイアウトを心がけましょう。

メール＋電話の二刀流

複雑かつ重要な内容は念入りに伝えましょう。

ADVICE
ビジネスメールの返信時間は一般的に「24時間以内」と言われています。時間内に何らかの返信をしましょう。長期で外すときは事前に不在期間を伝えたり、自動返信機能を活用したりしましょう。

情報漏洩を防ぐ
メールとFAXの心得

送った後に青ざめないために、予防策をお教えします！

→ 「宛先」の使い分けはしっかりと

不祥事に対して民間よりも厳しい目が向けられている公務員は、メールの送信時の宛先に特に注意しましょう。

最優先で覚えておきたいのが**「Cc」と「Bcc」の使い分け**です。「Cc」には「メールの内容を参考にしてもらいたい人」、「Bcc」には「メールの送信相手に連絡先を知らせたくない人」の宛先を挿入します。

若手に多いミスに「Bccに入れるべき人を通常の宛先（またはCc）に入れてしまった」というものがあります。多数の住民にメールを送る際などは必ずBccに宛先を入れるようにしましょう。

→ 仕事のメールの私用アドレスへの転送はおすすめできない

仕事に慣れてくると、仕事のメールをプライベートのメールアドレスに送りたいと思うこともあるでしょう。発令通知をじっくりと自宅で見たい場合や、職場だけで仕事が完結できないという事情もあるかもしれません。

ただ、**私用アドレスに送るのは、個人情報の漏洩リスクが伴う**ということを頭に入れておきましょう。許可を得ない限りやるべきではありません。ちなみに、あらかじめ許可を得ていれば私用アドレスの業務使用が許されていた厚生労働省でも、2024年2月に禁止になりました。

→ 実は大事！ FAX送信前のダブルチェック

「今時FAXって……」という声が聞こえてきそうですが、役所では FAXによる情報のやりとりも盛んに行われています（特に議会関係が多いです）。

FAXの誤送信を防ぐために最も重要な点は**「ダブル（トリプル）チェック」**を必ず行うことです。大事なFAXの送信時は必ず誰かについていてもらい、送信先が誤っていないかチェックをお願いしましょう。

メール送信時のチェックリスト

□受信者の所属や役職は合っていますか？

□内容がすぐにわかる件名になっていますか？

□メール本文の誤字脱字（特に数字や曜日）はありませんか？

□用件は明確ですか？

□データの添付漏れや、データが大きすぎることはありませんか？

□Cc、Bccの使い方など送信先は適切ですか？

ADVICE

「署名」はメール内で自分らしさを出せる貴重な箇所ですが、必要以上にデコらないように。筆者は１年目のとき、犬の顔文字でデコった署名を使っていたら注意された経験があります（汗）。

第4章 公務員の仕事の基本！ 文書・メール・チャットの作法　79

7 仕事のチャットならではのマナーと使い方

プライベートのチャットと同じ使い方をしている人は要注意！

→ こんな状況ではチャットを使おう

　チャットとは、例えばLoGoチャットやMicrosoft Teamsなどのコミュニケーションツールのことで、「リアルタイムでの情報共有」や「迅速性」を重視したいときに使われています。

　自治体でも業務に欠かせないツールとして位置付けられていますが、その手軽さから逆にコミュニケーションの取り方に困ってしまう場面もあります。

　特に上の世代には、チャットに不慣れな上司も多いです。例えば、休日のイベントで担当全員が外出しているときの情報共有などはチャットを使うべきですが、そのほかの重要な連絡は基本的にメールで行うようにしましょう。

→ 勤務時間外に送っていいの？

　チャットツールはその手軽さから、勤務時間外に送ってしまうこともあるかもしれません。しかし、**災害などの緊急時を除き、よほど重要な連絡でない限り、勤務時間外での業務チャットを歓迎する職員はいない**と考えましょう。

　また、上司が勤務時間外や休日にも気にせずチャットを送ってくる場合もあるかもしれないため、事前にチャット運用のルールなどを職場全体で確認しておくのもよいでしょう。

80

→ 自分宛の連絡には返信を、全体連絡にはリアクションを

　チャットには、メッセージに対して「いいね」などのリアクションができる機能があります。

　自分宛のメッセージについては「承知しました」などの返信をするようにしましょう。また、グループ全体に向けたメッセージにも、なるべく「いいね」などのリアクションをするようにしましょう。

　ただ闇雲に「いいね」を押すのではなく、自分が読んだらリアクションをすることを心がければ、チャット内の会話をどこまで確認済か把握するのにも役立ちます。

チャットが適した場面

◎ **こんなときに便利！**
- 簡潔な用件ですぐ反応がほしいとき
- グループに一斉共有したいとき
- イベント（外出）中の情報共有

⚠ **こんな場面では避けよう！**
- 遅刻や欠席の連絡
  → 電話で直接伝えましょう
- 文面が長いときや、添付ファイルが多いとき
  → メールがおすすめ

ADVICE

某自治体の幹部が議員の悪口を庁内のチャットに書き込み、辞任したニュースがありました。手軽に送れるチャットですが、送信前に必ず一呼吸を。気持ちが揺れているときに送るのは危険です。

メール・チャット・電話は使い分けが肝心！

連絡手段を誤ると誤解を招いたり相手の気分を害してしまうことも……

→ 体調不良の休暇の連絡、メールやチャットでもよい？

　事前に決裁を経ていない休暇の連絡は、電話ですることをおすすめします。

　気持ちを伝えるには、文字より声のほうが適しています。もしかしたら先輩にあなたの仕事を代わりにやらせることになる可能性もありますし、そもそも社会人として体調管理は基本の「き」です。よほどのことがない限り、当日の休暇や遅刻の連絡は電話で行い、申し訳ないという気持ちをきちんと伝えましょう。ただし、職場独自のルールがある場合は、そちらに従うのがよいでしょう。

→ 実はみんな楽しみにしている「新人さんのメール」

　アナウンサーの初めてのアナウンスが「初鳴き」と呼ばれ楽しみにされているように、新人さんから来るメール（この場合、庁内に送るもの）もみんな楽しみにしています。

　決して粗探しをしたいわけではなく「一生懸命打ったんだな」「頑張っているな」という親目線で見ていることがほとんどなので、新人さんは恐れずにどんどんメールを出してください。

　送信後に「あのメール、おかしくありませんでしたか？」と先輩に聞いてみるのもよいでしょう。

> **→ コミュニケーションツールをうまく使い分けよう**

　「文書」「メール」「チャット」とたくさんの連絡手段があり、どのような状況でどのツールを使えば良いのか、最初のうちは混乱してしまうかもしれませんが、慣れてくれば容易に適切なコミュニケーションツールを選べるようになるはずです。

　どのツールを選んでも、相手への気遣いや礼儀は忘れないようにしましょう。

連絡手段を使い分けよう

メール
・記録を残したいとき
・長い文章

チャット
・簡単な確認事項や報告
・複数人での共有

電話
・緊急の連絡
・細かいニュアンス

メールやチャットは顔も声もわからない分、「丁寧さ」を心がけましょう。

ADVICE
社会人歴10年以上の筆者が思うに、メールやチャットで最も大事なことは距離感やテンションを相手に合わせて返信をすることです。「臨機応変」がコミュニケーションの基本です。

第4章　公務員の仕事の基本！　文書・メール・チャットの作法　　83

COLUMN 4　採用順位で公務員人生が決まる？

　SNSや掲示板で「採用順位の良し悪しで出世するかどうかが既に決まっている」という意見を目にすることがたびたびあります。実際に、自分の採用順位を見て、今度のキャリアが心配になっている人もいるのではないでしょうか。

　そんな人には「そんな数字に惑わされないで」と伝えたいです。

　どの組織にも花形とされる部署とそうでない部署があります。ですが、最初にいわゆる花形の部署に配属されたからといって、将来が約束されるわけではありません。その逆も然りです。

　筆者の感覚だと、（都庁の場合）ある程度、社会人としての素地ができている中途採用者（特に前職でもバリバリ働いていた人）は本庁の忙しめの部署に配属される一方、新卒はじっくり育てていくという風潮から、新卒は学校事務や都税事務所などの比較的忙しくない部署に配属される傾向にありました。2回目以降の異動では、その時点までの勤務状況が加味されるため、優秀な人は忙しい部署に異動になる印象です。

　ですから、採用試験の順位や入庁時の配属なんて気にしなくて大丈夫です。たった1回の試験の順位でキャリアが決まってしまうなんて、実につまらない話ではありませんか。試験の成績が良い人が仕事面でも優秀とは限りません。それに、数字で評価できない部分にも人として大事なことが詰まっています。

　入庁後は、採用試験の成績なんてケロッと忘れて、目の前の業務、人、そして自分を大切にしてください。真面目に過ごしていれば、そんなあなたを見ていてくれる人が必ずいるはずです。

第 **5** 章

あなたの対応で自治体の印象が決まる！
窓口・クレーム対応の基本

自治体業務の最前線！窓口業務の心がけ

民間のサービスとはこんなに違う！　自治体窓口ならではの特殊事情

→ 公務員はお客様を選べない

　自治体と民間の最大の違いは、お客様を選べないことです。自治体は公共サービスを提供しているため、お客様の振るまいに多少問題があったとしても、適切に対応し、目的を達成してもらう必要があります。また、自治体のお客様は「必要性や不安から」来庁することが多く、「どの自治体に相談しようか」などと選ぶ余地はありません。

　一方、民間企業のお客様は、自分の意思で数ある選択肢の中から選んで訪れます。例えば、人気の喫茶店に「お茶でもしながら少し休みたい」という理由で訪れるように、自分のニーズや好みに合わせて選びます。

　このように、自治体のお客様には民間企業のお客様とは異なる背景があることも、特別な配慮が求められる理由の一つです。

→ マニュアル応対は悪なのか？

　接遇には「マニュアル応対」と「ホスピタリティ」の２つの考え方があります。心がこもったホスピタリティが推奨される昨今、法令やルールに沿って粛々と行うマニュアル応対には「柔軟性がない」などのマイナスイメージがありますが、一方で「迅速性と平等性を求める業務に適している」という長所もあります。仮に、役所の対応がホスピタリティに満ち満ちてしまうと、自治体サービスの根幹が揺らぎかねません。

　状況によって適切な対応を見極めることが大切なのです。

→ 窓口職員の印象＝自治体の印象

　1日で数多くの住民と接する窓口職員は、そこで接する住民との関係を「その場限りのもの」と捉えてしまいがちです。

　しかし、実はそうではありません。多くの住民にとって、役所はよほどの用事がないと来ない場所です。その滅多にない機会に対応した窓口職員の印象は、更新の機会もないまま、長らくその自治体の印象として記憶され続けるのです。

　ぜひ、**「窓口は自治体の顔」**という自覚を持って、窓口業務に臨んでください。

ホスピタリティの度合を見極めよう

証明書の交付窓口などではスピーディーな対応が喜ばれることも。

ADVICE
デジタル化によって「ワンストップ窓口」や「書かない窓口」が増加しましたが、対面の対応を疎かにしていいわけではなく、むしろよりレベルの高い対応が求められるでしょう。

窓口職員こそ第一印象がすべて

すり減りがちな自分の心を守るためにも、見た目を整えましょう

→ 指先を整えると説得力が増す!?

　書類の説明をするとき、相手の視線はこちらの顔ではなく指先に集中します。デジタル化が進んだとはいえ、書類を介した応対の頻度が高い公務員は、**指先の清潔感**を意識するだけで印象が良くなります。

　具体的には「爪は長すぎないか（短すぎないか）」「爪が汚れていないか」「ささくれだっていないか」「ネイルカラーは剥げていないか」を窓口に立つ前に必ずチェックするようにしましょう（第2章5参照）。

→ ガチガチ案件ほど柔らかい表情で

　来庁したお客様に説明をするとき、法令に基づき事務を遂行している以上、その言い回し等で堅く融通が利かない印象を相手に抱かせてしまうことは避けて通れません。

　それでも、**柔らかな表情や口調で説明をすると印象が大分変わり、相手の満足度も高くなります**。真面目な案件こそ、醸し出す雰囲気は柔らかく。これがデキる公務員の鉄則です。

　もっとも、堅い言葉を使わずに説明できるのであればそれに越したことはありません。難解な用語は言い換えるなどの工夫も必要です。

→ 安心感を与える見た目を心がけよう

　窓口での業務では、来庁者に「安心感」を与えることが大切です。
　例えば、リクスーで「いかにも新人」な雰囲気を漂わせていたり、長い前髪で顔を隠して「自信なさげなオーラ」を放っていたりすると、お客様に不安を与えてしまいます。
　逆に、きちんと見た目を整えて窓口対応に臨むことを心がけていれば、クレームの回避にも繋がるでしょう。

柔らかく安心感のある対応を

住民にとって慣れない手続は不安なもの。安心感ある対応が大事です。

ADVICE

窓口対応時、爪は意外と相手の印象に残りやすいです。ネイルカラーをする人は肌と調和した色をおすすめします。また、やりすぎ注意ですが、レシートで磨くと爪がピカピカになります。

3 住民に満足感を与える 窓口の振るまい3原則

「この人でよかった」と思われる対応には共通点があります

→ 挨拶ができない人は窓口に立つなかれ

　接遇やコミュニケーションに関するどんな書籍を読んでも、対人折衝の起点は挨拶であると書かれています。それは窓口に立つ公務員だって同様です。

　自分から元気に挨拶をすると、相手の心の緊張が解れます。「第一印象」が対応の難易度を左右する窓口対応では、特に挨拶が重要です。

　挨拶もせずに「今日はどうなさいましたか？」といきなり核心に入っていくような対応は、相手が心を閉ざしてしまい、その後のやり取りが難しくなる場合があるのでおすすめしません。

→ 「法律で決まっているから」は使わない

　公務員の仕事、特に窓口での手続きは法令（条例）に根拠を有しているものがほとんどであるため、住民からの問い合わせを受けると分厚い法令集を用いた説明になる場合が多いです。

　しかし、日頃から法令に接している職員とは異なり、住民は法律や条例になじみがありません。ましてや**「法律で決まっているから」とにべもない対応をすれば、「お役所仕事」だと呆れられかねません。**相手に寄り添った丁寧な説明を心がけましょう。

→ 印象を損なう動作に気をつけよう

接遇中、相手に良い印象を与えない動作として、「**腕組み**」や「**足組み**」があります。

もう一つ、特に女性職員が注意したい動作が「**自分の首から上を触ること**」です。例えば、前髪を触ったり髪をかきあげたりする動作が該当します。窓口に立つ際は髪をまとめるかハーフアップにするのがおすすめです。顔まわりの髪をすっきりさせることで、こういった動作を予防することができ、表情もよく見えるようになります。

こんな動作に注意！

腕組みや髪を触る癖のある人は要注意です。

ADVICE
窓口対応で不可欠な能力が「難しいことを簡単な言葉で説明する力」です。日頃から、難解な言葉や法律用語を易しく言い換える癖をつけるようにしましょう。

知っておきたい
公務員の電話事情

はじめのうちは緊張しますが、備えておけば大丈夫です！

→ あらゆる人々から電話が来る

　実際に足を運ぶよりも電話をかけるほうがハードルが低いこともあり、役所にはひっきりなしに電話がかかってきます。かけてくるのは、他自治体の職員や民間企業、住民や議員、その他ありとあらゆる人々です。

　電話では、対面と違い、相手の見た目から情報を得ることができません。ですので、第一印象は最初の一声で決まります。明るく元気よく電話に出ましょう。

→ 電話交換係の苦労を慮る

　大概の役所には代表電話から繋がる電話交換係があり、代表電話にかけてきた人は電話交換係に件名と宛先を伝え、お目当ての担当に繋いでもらいます。

　交換係からの電話は「交換係です。こんな要件ですがお願いしてもよいですか？」という丁寧なものから、「交換係です。お願いします」というライトなものまで、あらゆるパターンがあります。

　外線からのクレームなども一度受け止めてくれるのが交換係です。感謝と敬意を持って接しましょう。

→ 第一声で第一印象が決まる

　社会人経験の浅い読者の方は、外線電話に身構えてしまうことが多いのではないでしょうか。

　私は、議会事務局にいた頃、携帯電話からの着信は議員からであることが多く、ディスプレイに090や080の番号が映ると、身構えながら受話器を取っていたものでした。

　外線対応で意識したいのが、相手に「暗い」印象を与えないことです。既に述べたとおり、電話は「声」だけが頼りですので、**電話（特に外線）を受けるときには、いつも以上に溌剌とした第一声を心がけましょう。**

第一声はハキハキと！

どんな相手からの電話かわからないからこそ、第一声が肝心です！

> **ADVICE**
> 自治体によっては電話に出る際「どこまで名乗るか」をルール化しているところもあります。「課のみ」か「課＋自分の名字」か、ルール（ルールがなければ先輩の様子）を確認して判断しましょう。

第5章　あなたの対応で自治体の印象が決まる！　窓口・クレーム対応の基本

入庁後に苦労しない 電話対応のコツ

若手職員が電話から学べることは無限大です!

→ 配属されたら「電話の使い方」を自分から聞こう

　新採職員の業務の大部分を占めるのが電話対応です。
　なぜかというと、大体の公務員は、年度はじめの4月が本当に忙しいためです。窓口や庶務系の部署は特に業務に忙殺されます。新人さんが電話に出てくれるだけでほかの職員は本当に助かるのです。
　係の一員としてすぐに動けるよう、**早い段階で自分から電話の使い方を聞いて付箋やメモ帳に書き、いざというときにぱっと目に入る所に貼っておきましょう**。

→「伝言メモ」を入手しよう

　新採職員にとって、配属直後は自分宛に電話がくることは少なく、ほかの人宛の電話を取り次ぐことばかりかもしれません。しかし、伝言を誰かに伝えるというプロセスは、情報選択能力や説明能力を伸ばす絶好の機会です。
　その際、役に立つアイテムが**「伝言メモ」**です。これは、主に「何時何分に、誰から、どんな電話があったのか」を伝えるために使います。
　全ての内容を書こうとすると電話中慌ててしまうので、自分でフォーマットを作成するなり、担当内で共有されているものを入手するなりして「伝言メモ」を手に入れ、電話対応に役立てましょう。

→ 率先して電話を取ろう

　最初のうちは、電話が鳴るとドキドキするかもしれませんが、新採職員や異動して間もない若手にとって、電話に出ることで身に付く能力や手に入る情報はとても貴重です。

　例えば、相手の言いたいことを聞き取り、それを伝える「メモのスキル」や「伝える力」のほか、どこの誰が電話をしてくることが多いのかという関係者の情報も手に入ります。

　特に内線電話は、他部署の上司や先輩に自分の存在を覚えてもらう絶好の機会です。率先して電話を取るようにしましょう。

伝言メモが便利！

```
_____さんへ
_____月_____日_____時_____分に
_____から電話がありました。

相手の連絡先（                  ）
□折り返しをお願いいたします。
□またかけ直すと仰っていました。
その他伝言
_____

対応者　○○
```

ADVICE

伝言メモが共有されている場合は、残りが少なくなったらさりげなく印刷して補充しておくとほかの職員に喜ばれます。無理のない範囲でやってみてください。

第5章　あなたの対応で自治体の印象が決まる！　窓口・クレーム対応の基本　　95

信頼される
電話対応のテクニック

電話上手な人は、日頃どんなことを意識しているのでしょうか?

→ 声だけのコミュニケーションのメリットとデメリット

電話のメリットは「メールでは伝えられない複雑な内容を伝えられること」、デメリットは「相手の時間を奪うこと(相手の仕事をストップさせてしまうこと)」です。

よって、メールでも十分伝えられる内容を電話で伝えたり、あまりにも電話をかけたりする頻度が多いと、相手からよく思われないこともあります。**メールで伝えられることはメールで伝えることをおすすめします**。状況を見て判断しましょう。

→ リアクションは大きく、声色は低く

電話は、声の調子や抑揚の付け方で印象が変わります。おすすめは、**「リアクションは大きく、声色は低く」**することです。

顔が見えないコミュニケーションである電話は、対面よりも感情が伝わりづらいです。「無愛想」「やる気がない」といった印象を与えないよう、リアクションはいつもの1.3倍を意識しましょう。

また、高い声より低い声のほうが相手に安心感を与えます。女性の政治家や管理職には、低い声を意識しながら発声している人も多いです。

→ 受話器は利き手で持たない

　電話応対の基本スタイルは「**利き手に筆記具、逆の手に受話器**」です。なぜかというと電話にはメモが必須であり、利き手が受話器で占領されてしまうと、何も書けなくなってしまうからです。

　自分の電話が利き手の反対側にある人はラクですが、そうでない場合もたまにあるので、電話を取るときは必ず利き手ではないほうの手を伸ばす癖をつけましょう。数回やると慣れてきますよ。

電話の基本姿勢

電話対応のときはメモをとるクセをつけましょう。

ADVICE
相手の時間を突然もらうことになる電話では、相手が電話に出たら必ず「今、お電話大丈夫でしょうか？」と前置きしましょう。「今はちょっと……」と言われたら、都合のよい時間に改めましょう。

好印象な話し方・聞き方のテクニック

シャイな人でも今日から使えるテクニックをご紹介します

→ 先手必勝！　挨拶でウォームアップしよう

　どんなに口下手な人でも、挨拶は絶対に「自分から」行いましょう。

　挨拶は、お互いの心の緊張を解きほぐすという対人折衝におけるウォームアップの役割を果たします。ウォームアップなしでスポーツを行えば、自分の本来の実力を出せないだけでなく、事故の危険性も高まります。コミュニケーションも同じです。ハキハキしっかりと挨拶をすることで、その後のコミュニケーションがうまくいきます。

→ アイコンタクトと頷きが安心感を生む

　私事ですが、自治体で研修を行う際、講義中の心の支えになっているのが、目を見てくれる人や頷いてくれる人の存在です。最終的には、その人のために講義をしているといっても過言ではない精神状態になるくらいです。

　そのくらい、相手の目を見ることや頷きながら話を聴くことは、相手に安心感を与えるのです。聞き手が示せる「最強の敬意」が、アイコンタクトと頷きだと思ってください。

　話し手としては**相手の理解度を確かめたいときにアイコンタクトを取ること**、聞き手としては、**相手の話の核心部分で頷いてみること**がおすすめです。意識してやってみると、相手に与える印象が大きく変わりますよ。

→ 話し方の印象は「語尾」で決まる

絶対にNGな話し方が、「途中でフェードアウト」と「語尾伸ばし」です。

前者は役所の窓口でよく見かけます。大体、語尾まで言い切ることができずに住民（特に強めな方）に会話を押し切られてしまっているのですが、これは語尾にかけて音量が下がる話し方が自信のなさを露呈してしまい、自分で自分の首を絞めてしまっているためです。

また、若い人に多い「語尾を上げる」「語尾を伸ばす」などの話し方は相手に「軽々しい印象」を、早口で一本調子な話し方は「冷たい印象」を与えるので気をつけましょう。

アイコンタクトと頷きを！

誰しも、「話を聞いてくれる人」には好感をもつものです。

ADVICE
「相手の目を見るのが恥ずかしい」という人は相手の頬の部分を見るようにしましょう。不思議なことに、相手は「目を見ている」ように錯覚します。

これで安心！
クレーム対応の基本

クレームの背景と対処法を知れば、クレームも怖くない！

→ 切っても切れない「公務員とクレーム対応」

　公務員になるにあたってみなさん心配なのが、クレーム対応ではないでしょうか。

　公務員（特に窓口を有する職場）にとってクレーム対応は、誰もが必ず習得しないといけないスキルの一つです。ハードなクレームを受けながらも仕事を楽しんでいる先輩はたくさんいます。みなさんも後に続きましょう。

→ 上がり続ける「期待値」

　近年、接遇界隈では「お客様がサービスに求める期待値が高くなっている」と言われています。この傾向は自治体にも当てはまり、例えば、報道やネットの情報に端を発した「他市ではこんなサービスを行っているのに、なぜうちの市ではやらないのか」といった「他自治体のサービスとの比較」が原因のクレーム（意見）も増えています。

　自治体のお客様は地域に住むすべての住民です。私たちがお客様を選べないように、お客様である住民もサービスを提供する自治体を自由に選ぶことはできません。そのようなお客様の事情も考慮したうえで、対応するようにしましょう。

→ まずは正論ではなく共感を

　法令に基づいて業務を遂行している公務員は、クレーム対応時につい正論を言ってしまいがち。ですが、対応に納得がいかず怒っている相手に「理屈」は大体通用しません。

　まずは相手の感情を一旦受け止めることが大切です。**「そうでしたか、大変な思いをされましたね」**と相手を慮る言葉がけをしながら、**感情が収まるのを待ちます**。怖いかもしれませんが、下を向かずに対応しましょう。こういう場面では、笑顔は相手の神経を逆撫ですることがあるため、困り顔が有効です。

相づちで共感を示す

傾聴し気持ちを受け止めることでヒートアップを妨ぎます。

ADVICE
午前のクレームはランチで発散！　何でも話せる同期と職場周辺の美味しいお店は、心の健康維持に効果抜群です。話が盛り上がっても、もちろん個人情報には気をつけて。

悪質なクレームには
チームで対処する

公務員は悪質なクレームにも耐えないといけないの?

→ 悪質なクレームってどんなクレーム?

　怒鳴ったり暴れたりして、業務に支障が出るような状況をつくり出すクレーマーがいます。「土下座しろ」「上司を出せ」「動画に撮っているからSNSに流すぞ」などと威圧的な態度を取る場合もあります。

　法令での解決が不可能な場合や、説明を尽くしても相手が理解してくれなかった場合など、自分のキャパシティを超えてしまう場合は、すぐにヘルプを出し、組織的な対応に移しましょう。

→ 周りへのさりげない「ヘルプ」の出し方

　悪質なクレーマーに一人で立ち向かった結果、心身を壊してしまうことだってあります。悪質なクレーマーは、名指しで何度も来庁して対応を求めたり、執拗以上に電話をしてきたりすることもあります。

　責任感から「自分一人でなんとかしないと」と思ってしまうかもしれませんが、悪質なクレーマーへの対応は組織単位で行うべきです。「おかしいな」という勘が働いたら、早いうちに先輩や上司に報告・相談をしてください。

　電話で対応をしている場合は周囲にわかりづらいので、「例の人に対応中」などと付箋に書いて周りの職員に知らせるなどの方法をとることをおすすめします。

→ 公務員のカスハラ対策最前線

　カスハラ（カスタマーハラスメント）とは「お客様が必要以上に不当な要求をしたり、従業員や組織に対して嫌がらせをしたりすること」を言います。

　カスタマー（顧客）と書くと民間企業向けの話題に感じますが、近年は自治体でもカスハラを問題行為とし、組織的に職員を守るという意識が高まっています。「税金を納めていれば、住民は公務員にどんな行為をはたらいてもいいというわけではない」という考え方に変わってきているのです。

悪質なクレーマーからの電話には

あらかじめ情報を共有し、いざという時ヘルプを出せるようにしておきましょう。

> **ADVICE**
> クレームへの対応中に「怖い」「傷ついた」と感じたりしただけでも、上司や先輩に相談してみましょう。同じ道を通ってきた人もきっと多いはずです。

COLUMN 5

中二病ならぬ「二年目病」に注意

　右も左もわからない新採時代を生き抜いて入庁2年目を迎えると、後輩ができたり、人事異動で新しい職員がやって来たりと、1年目の頃とは見える世界が変わります（ごくまれに自分以外の職員が全員異動になってしまうこともあり、その場合は激動の新年度を過ごすことになります……）。

　新しく異動して来た年次が上の先輩に仕事を教えることもあるなかで、たびたび発症する公務員特有の病が「二年目病」です。

　具体的に「二年目病」とは、採用2年目の職員が「この係は自分がいないと回らないんだ」という感覚に陥り、4月に異動してきた職員（年次が上である上司や先輩を含む）に対して上から目線で口をきいてしまうというものです。

　筆者の周りでもこの病に罹患した人が多く、大きな顔で振る舞う彼らに周囲が苦笑いしている様子も度々見かけました。

　一度や二度であれば、先輩たちも事情を理解しているため、大目に見てくれますが、「え？　こんなこともわからないんですか？　はあ……（ため息）」のような、相手の気持ちを考慮しない言動（表情も含め）が続くのはよくありません。

　その部署では先輩であったとしても、公務員歴はたったの2年にすぎません。役所では年の功で解決する事案も多々あります。

　「2年目こそ謙虚に」

　この心がけができている人は、今後大きく成長するはずです。

第 **6** 章

いざというとき慌てない！
来客対応と訪問
マニュアル

来庁者対応は若手が率先して動く

職員の印象＝役所の印象。来庁者への対応スキルは必須です

→ 若手職員は来庁者対応をする機会が多い

　新採職員や若手職員のみなさんは、座席の位置が末席（ドアに一番近い席）になることが多いため、お客様を上司のところにご案内する機会も多くあります。

　業者やほかの公共機関の関係者、議員、役所OBなど、来客は多岐に渡ります。失礼のないよう、基本的な来庁者対応のポイントを押さえておきましょう。

→ 迷っている来庁者には積極的に話しかけよう

　以前、とある自治体に研修講師として伺った際、ロビーで立ち止まっていると若い職員さんに「お困りですか？」とお声がけいただきました。目的地を伝えるととても丁寧に案内してくださり「接遇がしっかりしているな」と感銘を受けました。

　役所に一般市民が訪れる機会はさほど多くないため、目的のフロアを探すのに時間がかかることもあります。自治体によっては案内係を配置しているところもありますが、困っていそうな人がいたら、職員も積極的に話しかけるようにしましょう。

　「こちらに乗って〇階で降りてください」など、一番近いエレベーターまでのご案内でも大丈夫です。

→ アポがある場合はお部屋までお通ししよう

事前に上司から「○時に○○さんという人が来られるから、ご案内してください」と言われることがあります。

このような場合、お客様が来庁したら①お客様へのご挨拶、②上司に伝える、③ご案内という流れがスムーズです。

お部屋にご案内する際は、**ドアを開けた後にお客様を先にお通しする**のがマナーです。忘れないようにしましょう。

ご案内の流れ

来庁者対応では様々な人と接するスキルが培われます。

ADVICE

ご案内の際、部屋まで距離がある場合や待ち時間が長い場合、なんとなく「何か会話をしなければ！」と焦ることがあります。そんなときにおすすめの話題は「天気」です。

2 応接室、会議室の席次とお茶出しのマナー

古めかしいマナーですが、いざというときに役立ちます！

→ 基本的な席次のマナー

近年、上座や下座といった席次のマナーは、従来よりも厳守する風潮ではなくなりました。管理職となる年代が席次について厳密に気にしなくなったことや、効率化に重きが置かれるようになったことが要因でしょう。しかし、ここぞというときに役に立つ教養として、知っておいても損はありません。

基本的には、ざっくりと「**ドアから遠いほうが上座**（来客・目上の人が座る）」「**近いほうが下座**（目下の人が座る）」と覚えておけば問題ありません。細かい席次については右頁にまとめました。

→ お茶を出すときの注意点

お茶は「**来客→上座→下座**」の順に出しましょう。基本的に自分の職場の人は「後」に出します。お茶を出す際はまず茶托を置き、その上に茶碗を置きます（お盆に載せて持って行くときは、まだ茶托には茶碗を載せません）。

茶碗に絵柄がある場合は、飲む人に見えるように向きをセッティングしましょう。お茶出しは静かに、スムーズに行うのがポイントです。

片付けるタイミングは基本的にお客様が帰られたあとですが、途中で下げるように指示されることもありますので、その場合は指示に従いましょう。

お茶を出すときの手順

①お茶の準備

・ここでは茶碗と茶托はまだ重ねないでください
・万が一こぼしてしまったときのために布きんも持って行きましょう
・お茶の濃さが均等になるように各茶碗に順番に少しずつ注ぎ分けましょう

②お茶出し

・机の隅にお盆を置き、ここで茶托に茶碗をセットします
・お客様から、役職順にお茶を出します
・相手の右手側から、茶碗の柄が見えるように置きます
・終わったらすみやかに退出します

③片付け

・お客様が退出後、お茶を下げましょう
・布きんで机の上を拭くことも忘れないようにしましょう

ADVICE

お茶出しには「お茶を淹れる」だけでなく「使用した食器を洗う」ことまで含まれます。こういう雑務に取り組む姿勢は結構見られているものです。

そつなくこなす！
会議運営時の注意点

外部の出席者が多い会議で役立つ知識を紹介します

→ 公務員の会議の種類

　公務員が行う会議には、部長会や担当者会議などの内部で完結する会議のほか、外部有識者や市民から選ばれた委員が出席する審議会や委員会といった様々な種類の会議があります。また、若手職員もこれらの会議の事務局として運営に駆り出されることがあります。

　具体的には、「**お出迎え→会議の進行→会議終了のお見送り（場合によっては懇親会が行われることもある）**」という流れになります。大学の先生や民間企業の役職者といった面々が揃う会議は、内部の会議と比べて緊張感があります。

→ 事務局の仕事内容とは

　外部有識者や市民を招いた審議会や委員会の開催の際に、事務局としての役割を果たすことは若手公務員の大切な仕事の一つです。

　事務局は、**その会議に関する事務全般（例えば、当日までのスケジューリング、出席者へのご案内、議題の整理や当日の議事録作成など）**を担当します。

　特に審議会の委員とは数年間の長い付き合いになることもあります。しっかりと関係を構築しておきましょう。

→ 外部の人が出席する会議はジャケット着用で臨もう

　自治体の担当者としてきちんとした姿を見せることが必要とされる、外部の人も参加するような会議では、**ジャケットの着用**がおすすめです。

　たとえ外部の人がラフな装いでも、こちらは普段の服装よりも堅めの装いで臨みましょう。ノージャケットを推進している自治体に所属している場合は、せめてシャツやブラウスといった襟のあるトップスを合わせるようにしましょう。

相手への気配りを

迷っていそうな人には率先して声をかけるなどサポートしましょう。

> **ADVICE**
> 会議の議事録作成は、話を聞き取り、その内容をまとめる力を伸ばす絶好の機会です。進んで引き受けましょう。日頃から「記録を取る習慣」をつけておくこともスキルアップに役立ちます。

4

他自治体や民間企業への訪問時の注意点

訪問先で焦らないために流れやポイントを押さえておきましょう

→ 意外と教えてもらえない訪問時のマナー

挨拶や打ち合わせのために、民間企業や他自治体を訪れることがあります。公務員の場合、訪問時は先輩とペアを組むことが多いですが、訪問時の所作は基本的に「自分で学べ」というスタンスです。

事前に確認すべきことや打ち合わせが終わった後の流れなど、基本的なことをここで確認しておきましょう。

→ 訪問先に到着したらすべきこと

訪問先に着いたら、身だしなみの最終チェック（7章6参照）と、使用する資料などの確認を経てから、受付に足を運びましょう。

民間企業への訪問の場合は、内線電話を介した無人の受付も想定されます。その場合は聞き取りやすい声で、**「所属」「訪問者の名前」「約束の時間」「訪問先の担当者の名前」**を伝えます。その後は先方の案内に従いましょう。

→ 打ち合わせ中・打ち合わせ後の注意点

打ち合わせが盛り上がって、思わず時間を忘れてしまうこともあるかもしれません。そのような場合、**予定していた打ち合わせの内容が全て終わっていなくても、終了時間は厳守しましょう。**

相手が時計を気にし始めたら、そろそろ時間だという合図です。上司が話に夢中になっている場合も「お時間大丈夫でしょうか？」と一言発しましょう。

打ち合わせ終了後は、挨拶を経て玄関に移動します。相手から促されない限り、コートやマフラーは玄関で身につけるようにしてください。

会議室の席次

椅子の場合

職員側　　　　　　　来客側

②		②
①		①
③		③

入口

長椅子の場合

職員側　　　　　　　来客側

④		①
		②
⑤		③

入口

①から順に目上の人が座ります。

> **ADVICE**
>
> **訪問時に出されたお茶は飲んでも構いませんが、必ず先方が飲んだ後に飲みましょう。利害関係者であっても職務として出席した会議などで茶菓の提供を受けることは認められています。**

第6章　いざというとき慌てない！　来客対応と訪問マニュアル　113

住民宅への訪問時の注意点

緊張や不安はあたりまえ！　現場でアタフタしないためには？

→ 住民宅を訪問することってあるの？

　公務員は自治体や企業への訪問に加えて、住民宅を訪問することもあります。特に福祉関係の部署に所属している人は、住民宅への訪問の機会が多い傾向にあるようです。

　住民宅への訪問時には、自治体や企業への訪問とは異なる注意点もあります。緊張のあまり挙動不審になってしまわないよう、あらかじめインプットしておきましょう。

→ 訪問先までの道順は入念にチェックを

　自治体や民間企業の場合は地図に表示されていることが多いですが、住民宅の場合は地図に表示されないことが多いので、初回の訪問では住所と表札だけを頼りに家を探すことになり、道に迷って遅刻するなんてことにもなりかねません。

　特に、方向音痴の自覚がある方は要注意。**訪問前に地図を出力して道順を確認したり、地図アプリなどでシミュレーションを行ったりしておきましょう。**時間に余裕を持つことも心がけてください。

→ お手洗いはあらかじめ済ませておく

住民宅のお手洗いを借りることは控えましょう。

　住民にとって、訪問する公務員は知り合いでも何でもありません。通常、全くの赤の他人がお手洗いを使うことに、あまり良い気持ちは抱きません。

　お手洗いは、住民宅の最寄りの駅または公衆トイレなどで必ず済ませておくようにしましょう。

住民宅への訪問時の持ち物リスト

　・名刺

　・資料

　　（通知文、申請書、チラシなど）

　・貸し出し用ボールペン

　・朱肉、スタンプ台

　※必要な持ち物は業務によって異なります。

　　ここでは一般的な物を挙げました。

担当業務の内容に応じてリストを作成しておくと便利です！

ADVICE

ケースワーカーは、住民宅を訪問する機会が多い業務の一つ。生活保護受給者が訪問相手となるため、独自の訪問ノウハウ（ネクタイは着用しないなど）があります。

第6章　いざというとき慌てない！　来客対応と訪問マニュアル　　115

訪問時の身だしなみチェック

相手に好感を持ってもらうために「身だしなみチェック」は必須です！

→ 身だしなみチェック【服装編】

　服装をはじめとした身だしなみは、人と会う前に確認して整えておきましょう。訪問先に入る前や最寄りの駅が確認のタイミングです。
　主な確認事項は「①汗やフケなどの不快要素がないか」「②ジャケットやシャツに汚れが付いていないか」「③ネクタイを巻いている場合、曲がっていないか」です。
　特に夏場に急いで移動すると、汗ジミがじんわり広がっていることもしばしば起こります。先方にお会いする際には爽やかな印象を心がけましょう。身だしなみの乱れは、その後の関係性にも影響しかねないことを覚えておいてください。

→ 身だしなみチェック【足元編】

　初対面の人に会うとき、相手の視線は足元に集まりやすく、「足元の印象」もコミュニケーションでは重要な要素として機能します。
　外出の際、たとえ庁舎を出る前に完璧に足元を整えていたとしても、その状態がキープできていることはほとんどありません。磨けとまでは言いませんが、相手に会う前に、靴に汚れがないか、靴下がたるんでいないかなど足元をチェックする習慣をつけましょう。

→ 身だしなみチェック【持ち物編】

大切なのに意外と忘れてしまいがちなのが、打ち合わせ前に**「カバンの中を整理すること」**です。

打ち合わせに必要な書類や筆記用具は、カバンのすぐに取り出せるところに入れましょう。

また、スムーズに名刺交換ができるよう、名刺入れの所在を確認することもお忘れなく。ジャケットの内ポケットに入れておくのがおすすめです。

外出先で便利な身だしなみグッズ

- ・ハンカチ
  （夏場はタオルハンカチがおすすめ）
- ・ティッシュ
- ・手鏡
- ・ヘアケア用品
  （おりたたみブラシやスティックタイプのワックスなど）
- ・オーラルケア用品
  （歯ブラシセットや口臭予防タブレットなど）
- ・（女性は）予備のストッキング
- ・あぶらとり紙

外回りが多い人はこれらのグッズを常にカバンに入れておきましょう！

ADVICE

お昼を挟んで人に会う場合、口の周りや歯の汚れにも気をつけなければなりません。そういうときのために、カバンの中に「小さな鏡」も入れておきましょう。

第6章　いざというとき慌てない！　来客対応と訪問マニュアル　　117

移動時の注意点

移動だって勤務のうち。気を緩めないようにしましょう

→ 公共交通機関か公用車か

　出張に使用する移動手段は、ほとんどが電車などの公共交通機関ですが、公共交通機関の利用が難しい場合や大量の荷物がある場合などは、役所の自動車（公用車）で移動することがあります。

　公用車の台数は現在減ってきているため、気軽には利用できません。利用には、それ相応の理由が必要です。

→ 公共交通機関での振るまいに注意

　ご存知のとおり、公務員の仕事には守秘義務が伴います。よって、**電車やバスなどの公共交通機関で、打ち合わせに使用する資料を読み込むなどの行為は絶対にNG**です。読み込みは外出前に済ませておきましょう。

　また、訪問から帰庁する際の会話にも注意が必要です。会社名や議員名などの固有名詞、声のボリュームには細心の注意を払いましょう。どこの誰が聞き耳を立てているかわかりませんよ。

→ 移動中の乗り物の席次について

若手職員は、視察や大規模な出張の際に移動中の乗り物の席次を考える業務を頼まれることがあります。

公務員の世界は上下関係を重視する傾向があるため、乗り物の席次についても、正しい知識を身につけておくことをおすすめします。

こんな場面での席次も覚えておこう

○自動車の席次（その1）

職員のみの場合
（例）公用車での出張
　　→助手席や運転手の後ろが上席

○自動車の席次（その2）

運転手が外部の人の場合
（例）タクシーなど
　　→若手は④の位置で道案内

○エレベーターでの立ち位置

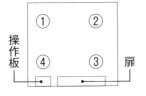

若手は「操作盤の前」に立ち、
扉の開閉やご案内をしましょう

ADVICE
自動車での訪問時は、建物から一番遠い駐車場所に停めるのがマナーです。公用車は自治体名が入っていることもあるため、公務員に厳しいご時世ではなおさら気をつけたいところです。

意外と見られている！
名刺交換のマナー

名刺交換の機会がないと忘れがちな基本ルールを復習しましょう！

→ 名刺は大切に扱おう

　名刺は「相手そのもの」と思い、交換時も交換後も丁重に扱いましょう。財布や定期入れに入れることは許されません。

　また、新採職員が配属されやすい職場の一つである庶務担当だと、外部の方と接する機会が少なく、名刺交換の機会はほとんどないかもしれません。ですが、必ず早い段階で名刺入れを用意するようにしましょう。名刺入れを持つことは社会人の基本です。

→ 知っておきたい名刺交換のルール

　名刺交換にはきちんとしたルールが存在し、それを守ることで相手に好印象を与えることができます。早い段階で知っておきたい事項や所作を右頁にまとめました。

　名刺交換の機会があまりないような業務内容であっても、研修先などで名刺交換をすることもあるかもしれないので、名刺交換のルールはしっかりとインプットしておきましょう。また、上司や先輩の所作を見て自己流で名刺交換のやり方を学んだという人も多いかもしれませんが、この機会に改めてルールを確認してみてください。

　ちなみに、公務員ならではの事情として、職場から支給された名刺ではなく、オリジナルの名刺を使っている人も多いです。費用は自分で負担しなければいけませんが、デザインを自由に選べるのがメリットです。

名刺交換のポイント

①交換は「役職が上」の人から始める（若手は最後になる）
②名乗る順番は「目下の人」あるいは「訪問者」が先
③「名刺の文字が相手が見える向き」で名刺を差し出す

④受け取るときは「ちょうだいいたします」の一言を添える

⑤もらった名刺はすぐにしまわない（打ち合わせなどが控えている場合は、机の上に並べておく）
⑥もらった名刺はきちんと管理する

ADVICE
もらった名刺は名刺入れの上に置いておきます。複数人と交換した場合は「役職が一番上の人の名刺」が上になるように重ねます。顔と名前が一致するように、席順に並べることもおすすめです。

おわりに

■なんで私が著者に!?

　学陽書房さんから「若手の公務員のために役に立つ書籍が書けないか」というお声がけをいただいたことが、この本のスタートでした。

　「なぜ公務員を辞めた私に？」という疑問が即座に浮かびました。在職中、特に目立った活躍もなかった私が、これからの自治体を担っていく若手の公務員に向けてためになる話なんてできるのか……。その点が1番心配でした。

　しかし、劣等生は劣等生なりに、信頼関係を築くためのコミュニケーションを大切にすること、そして、どうすれば相手に「好印象」を与えることができるかを意識して仕事に取り組むこと等を心がけてきました。

　その結果、人にも仕事にも恵まれ、充実した公務員生活を送ることができました。「おしゃれを通して自治体職員や議員の方々にもっと元気と活力を与えたい」という、今のイメージコンサルタントの仕事を始めるにあたっての核となる考えも、公務員時代に経験した出来事なくしては絶対にうまれませんでした。

　私の経験やノウハウを共有することで、「公務員になってよかった」と思える人が一人でも増えたらと思い、執筆をお引き受けすることにしました。

■ご機嫌な若手が職場の活力を生む

　私が公務員時代に最も大切にしてきたこと、そして、本書の土台にもなっているのが「信頼」と「好印象」です。

　公務員のキャリアは実績だけでなく、印象によって大きく左右されます。そして、好印象の秘訣は、自分に与えられた仕事に真摯に取り組み、職場や住民からの信頼の貯金を積んでいくことです。好印象な人のまわりには自然と人が集まり、情報が集まり、チャンスが集まるのです。

　また、私は公務員時代、「若手である自分はできる仕事が少ないから

こそ、常にご機嫌でいることが仕事」という意識を持っていました。

　もしかしたら、読者の皆さんの中には、「先輩や上司から放置されている」と不満に思っている人もいるかもしれません。先輩や上司も、若手に教えてあげたい、助けてあげたいという気持ちを必ず持っていますが、自分の仕事を抱える中で若手の面倒を見ることは至難の業なのです。先輩方は決してみなさんを意図的に放置しているわけではないことを理解してください。そして、ぜひ、ふてくされていないで自分から積極的に先輩職員とコミュニケーションをとっていただきたいです。

　そうやって皆さんがご機嫌に仕事をすることで、皆さんの公務員生活のQOLが上がるだけでなく、先輩や上司、ひいては職場全体に笑顔と活力が生み出されるのです。

■葛藤をプラスの力に変えて

　国や都道府県からの指示で仕事の内容や進め方が大きく変わることや数々の公務員独特のルールに疑問を感じ、「公務員の仕事が自分に合っていないのでは？」という葛藤が芽生えるときがくるかもしれません。しかし、そのときは思い出してください。その葛藤は公務員が誰しも経験するものです。今輝いている先輩だって、出世頭の上司だって、若かりし頃「これでいいのか？」という気持ちを心に抱いていたはずです。そして、その葛藤がプラスの推進力に変わる瞬間がいずれ訪れます。

　今は苦しいかもしれません。しかし、その葛藤は生みの苦しみです。葛藤を成長のチャンスと捉えて乗り越え、大きく羽ばたいてください。

　本書が、読者の皆さんが居心地の良い充実した公務員生活を送るための一助になること、そして、皆さんがいきいきと働くことで役所や地域の活力に繋がることを願っています。

2024年8月吉日

古橋 香織

●著者紹介

古橋 香織（ふるはし・かおり）

イメージコンサルタント、元東京都職員
早稲田大学を卒業後、2011年に東京都庁に入庁。主に都議会にて議会運営や議員接遇に従事。在職中に早稲田大学大学院政治学研究科公共経営専攻を修了。また、議員からネクタイのアドバイスを求められたことをきっかけに政治家や公務員の「装い」に関心を持ち、イメージコンサルティングを学ぶ。2020年1月に東京都を退職し独立。政治行政に特化したイメージコンサルのほか、身だしなみやマナーに関する研修を数多くの自治体で担当している。著書に『公務員男性の服〜普通の服で好印象・信頼・清潔感は出せる』（ぎょうせい）がある。

これだけは知っておきたい！
公務員1年目の超基本

2024年9月19日　初版発行

著　者	古橋 香織
発行者	佐久間重嘉
発行所	学 陽 書 房

〒102-0072　東京都千代田区飯田橋1-9-3
営業部／電話　03-3261-1111　FAX　03-5211-3300
編集部／電話　03-3261-1112
http://www.gakuyo.co.jp/

ブックデザイン／LIKE A DESIGN（渡邉雄哉）
イラスト／尾代ゆうこ
DTP製作・印刷／精文堂印刷　製本／東京美術紙工

©Kaori Furuhashi 2024, Printed in Japan
ISBN 978-4-313-15065-2 C0034
乱丁・落丁本は、送料小社負担でお取り替え致します

JCOPY 〈出版者著作権管理機構 委託出版物〉
本書の無断複製は著作権法上での例外を除き禁じられています。複製される場合は、そのつど事前に、出版者著作権管理機構（電話03-5244-5088、FAX 03-5244-5089、e-mail: info@jcopy.or.jp）の許諾を得てください。

◎好評既刊◎

多くの公務員に読み継がれるロングセラー！

信頼される公務員になるために、新人のうちに身につけたい"一生モノの仕事の作法"をわかりやすく解説！ 仕事のスキル・ノウハウだけでなく、上司・同僚、さらに市民から信頼される公務員になるために大切なことがわかる！

公務員1年目の教科書

堤 直規［著］
四六判並製／定価＝ 1,760 円（10%税込）

◎好評既刊◎

仕事の戸惑いを自信に変える1冊！

役所に入って右も左もわからない新人から、そろそろ右も左もわからなければならない中堅まで、役所仕事の「迷子」に贈る、公務員必修基礎知識！

疑問をほどいて失敗をなくす
公務員の仕事の授業

塩浜克也・米津孝成 [著]

四六判並製／定価=1,870円（10%税込）

◎好評既刊◎

公務員に必須の文書作成スキルがこの１冊で身に付く！

若手職員が知っておきたい基本のポイントから、中堅職員でも意外とわかっていない、「なぜ、この記載が必要なのか？」といった目的意識まで、豊富な例文とともにわかりやすく解説。

通る起案はここが違う！
公務員の文書起案のルール

澤 俊晴 [著]
A5判並製／定価＝2,090円（10%税込）